***ACCESO GRATIS** a la Lectura en la Nube*

Para visualizar el libro electrónico en la nube de lectura envíe junto a su nombre y apellidos una fotografía del código de barras situado en la contraportada del libro y otra del ticket de compra a la dirección:

ebooktirant@tirant.com

En un máximo de 72 horas laborales le enviaremos el código de acceso con sus instrucciones.

La visualización del libro en **NUBE DE LECTURA** excluye los usos bibliotecarios y públicos que puedan poner el archivo electrónico a disposición de una comunidad de lectores. Se permite tan solo un uso individual y privado

DETERMINACIÓN DE LA RESPONSABILIDAD PATRIMONIAL DE LA ADMINISTRACIÓN EN LA TOMA DE DECISIONES BASADAS EN INTELIGENCIA ARTIFICIAL

DETERMINACIÓN DE LA RESPONSABILIDAD PATRIMONIAL DE LA ADMINISTRACIÓN EN LA TOMA DE DECISIONES BASADAS EN INTELIGENCIA ARTIFICIAL

Patricia Mendilibar Navarro

tirant lo blanch
Valencia, 2024

Esta monografía forma parte del Proyecto de I+D+i "Ética y Autorregulación de la Comunicación Social: Análisis de contenido de los Códigos Éticos de 2ª Generación y elaboración de Protocolos y Guías para su implementación", Ref. PID2021-124969NB-I00, financiado por MCIN/AEI/10.13039/501100011033/ y "FEDER Una manera de hacer Europa

EDITA: TIRANT LO BLANCH
C/ Artes Gráficas, 14 - 46010 - Valencia
TELFS.: 96/361 00 48 - 50
FAX: 96/369 41 51
Email: tlb@tirant.com
www.tirant.com
Librería virtual: www.tirant.es
DEPÓSITO LEGAL: V-3995-2024
ISBN: 978-84-1071-355-0

Índice

Agradecimientos

Gracias a mi directora Esperanza, por confiar en las bondades de la inteligencia artificial y por el constante apoyo durante estos tres años de estudio. A todas las personas del ámbito profesional y académico que me habéis facilitado, cada uno a vuestra manera, esta investigación; en particular, a Carlos x2 y Salma. Y a mis queridos alumnos, por vuestra cálida bienvenida a la docencia y por permitirme revivir la vida universitaria desde el otro lado del aula.

Gracias a mis padres, que además de darme la vida y todo lo que implica —ahora soy plenamente consciente— siempre habéis impulsado mis proyectos como los vuestros propios. Gracias por educarnos con rigor y con amor; y por todos los libros que sembraron en mí la semilla de la curiosidad. A mi hermana Marta, que me ha enseñado a lidiar con la parte más sombría de la vida y que, a falta de una familia extensa, ha ejercido todos los roles familiares que —supongo— hay en ellas. Gracias a mi familia política, la mejor que me podía tocar. Tote, Jose Manuel y Mar. Por cuidarme como una más, por las conversaciones eternas sobre el tema, las horas de *babysitter* y el apoyo logístico y moral.

A mis amigas/os. La limitación de espacio no me permite agradecéroslo de forma individual, porque sois muchos. No os lo he agradecido lo suficiente, pero vuestros audios, disponibilidad y halagos han sido el combustible más potente.

Y, por supuesto, gracias a mi equipo vital: Jaime, mi mejor parte, la otra cara de esta tesis, y por experimentar juntos lo que dice un gran santo, que "para ser feliz no se necesita una vida cómoda, sino un corazón enamorado". Y a Olivia y a Marta (que llegó al mundo un tiempo tras la defensa de la tesis), por ser dos milagros, dos regalos inmerecidos y por irrumpir en medio de esta investigación para enseñarme algo mucho más difícil que el Derecho o la inteligencia artificial: a ser mamá. Necesitaré muchas vidas para corresponderos.

A todas/os, gracias por darme un recurso de valor incalculable y, de hecho, el único que necesitaba para hacer esta tesis: TIEMPO.

Prólogo

La inteligencia artificial (en adelante, "IA") ha pasado de ser una cuestión técnica e incluso utópica, a convertirse en una realidad jurídico-económica de creciente importancia en la actualidad, particularmente, como herramienta para adoptar decisiones en el seno de la Administración Pública.

La IA es la capacidad de emular el comportamiento humano gracias a la combinación de algoritmos y datos. El comportamiento humano incluye no solo la capacidad de calcular, almacenar información o ejecutar operaciones repetitivas, sino la inteligencia en su totalidad, que es amplia y engloba muchos ámbitos.

De hecho, todas las definiciones de la IA tienen un denominador común: la capacidad de las máquinas de emular comportamientos inteligentes y de automatizar tareas humanas. En toda definición de IA se encuentra implícita la idea de la Conferencia de Dartmouth en 1956, momento fundacional de la IA, según la cual la inteligencia humana y el aprendizaje de las máquinas puede describirse de forma suficiente como para poder ser reproducidos. Además, a medida que la tecnología avanza, la definición de la IA se complica todavía más.

Debemos tener en cuenta que, aunque el funcionamiento de los algoritmos es muy difícil de explicar en términos no-técnicos, sí que podemos llegar a comprender qué hacen y para qué sirven. De forma sencilla, conviene señalar que la IA resulta de la combinación de algoritmos y datos. La IA requiere que alguien le dé una secuencia de instrucciones específicas para resolver un determinado problema. Esta secuencia se conoce como estructura algorítmica. Según la Real Academia Española, los algoritmos son el "conjunto ordenado y finito de operaciones que permite hallar la solución de un problema" o el "método y notación en las distintas formas del cálculo". Es decir, para que la IA pueda producir un resultado, se requiere de la combinación de algoritmos y datos.

Esta potencialidad ha sido aprovechada por numerosas empresas y por la Administración Pública, que ya emplea esta tecnología con diferentes finalidades. Interesa destacar que se desconocen todos los usos de la IA en el sector público ya que todavía no contamos con un mapeo de usos de la IA y, tal y como afirma Cotino Hueso (2021): "posiblemente sea el secreto mejor guardado con la ayuda del actual ordenamiento jurídico". No obstante, se indican a continuación algunos de los usos de los que sí se dispone de información.

Una de las Administraciones que más se ha beneficiado del uso de algoritmos ha sido la Administración tributaria, habida cuenta de las ingentes cantidades de datos que maneja. Esto ha ocurrido por las obligaciones de información contenidas en el artículo 93 de la Ley 58/2003, de 17 de diciembre, General Tributaria, que han propiciado que la Administración tributaria estatal cuente con muchas herramientas de obtención de información, ya sea por captación o por suministro. A estas fuentes de datos se suman las del Catastro, la Inspección de Trabajo, la Dirección General de Tráfico, los organismos gestores de la Seguridad Social, entre otros (Oliver Cuello, 2021).

Entre otros usos, la Administración tributaria emplea la IA para la selección de contribuyentes en el momento de iniciar un procedimiento de inspección tributaria. Se apoya en una herramienta denominada Hermes, que emplea los datos existentes en el sistema Zújar, para emitir informes de riesgo estandarizados. De esta manera, la Administración selecciona, de entre los contribuyentes que presentan mayores riesgos, a los que va a inspeccionar (Oliver Cuello, 2021).

Los datos también son utilizados en materia de modelos predictivos de riesgos de incumplimiento. La Administración tributaria conoce la realización del hecho imponible de forma simultánea a su producción y adelanta el momento de liquidación del impuesto y las actuaciones de control. Estas actuaciones se realizaban tradicionalmente con posterioridad a la realización de las operaciones gravadas. La Administración tributaria emplea un sistema de Suministro Inmediato de Información ("SII"). Este sistema implica la llevanza de los libros registro, ya que se suministra información actualizada sobre la facturación (facturas expedidas, recibidas, bienes de inversión y operaciones intracomunitarias) de manera electrónica y simultánea a través de la sede electrónica de la Agencia Tributaria. Estos datos se combinan con el empleo de modelos predictivos, que permiten anticipar el riesgo de un incumplimiento del obligado tributario.

Finalmente, entre otros usos, la Administración tributaria también ofrece servicios personalizados a los contribuyentes gracias al empleo de la IA. Gracias a los *chatbots* o asistentes virtuales, los contribuyentes disponen de una herramienta a la que le pueden hacer preguntas a tiempo real o para realizar un trámite. La Administración tributaria emplea un asistente virtual para dar soporte a los obligados tributarios que se encuentran en el SII. Se resuelven dudas técnicas a lo largo de 24 horas al día, se reducen los funcionarios públicos que se dedican a esta tarea y se ha incrementado la productividad y la eficacia de la Agencia Tributaria.

Junto a los fines tributarios, el uso de algoritmos puede ser sumamente útil para perseguir el fraude y la corrupción. Este modelo está inspirado en la experiencia europea[1]. En España,

---

1 En el caso holandés, existe el sistema Systeem Risicoindicatie ("SyRI"), un instrumento legal que sirve para detectar diversas formas de fraude, incluidos beneficios sociales, subsidios y fraude fiscal. Este sistema fue declarado contrario a los derechos fundamentales el 5 de febrero del Tribunal de Distrito de la Haya, que consideró que no era posible conocer cómo operaba SyRI. El Tribunal declaró contrario a los derechos constitucionales porque consi-

ha trascendido la utilización del sistema de alertas tempranas SALER, inicialmente conocido como SATAN, regulado por la Ley 22/2018, de 6 de noviembre, de la Generalitat de la Comunidad Valenciana. El artículo 17 de la norma prevé que "el sistema de alertas se articulará a través de un conjunto de herramientas cuya interacción permite la detección de posibles irregularidades y malas prácticas administrativas, con carácter preventivo [...]". No se conoce cómo funciona este sistema más allá de lo expresamente previsto en la Ley[2].

Otra de las funcionalidades de la IA en el sector público es la personalización de los servicios públicos a partir del análisis de los datos personales de los ciudadanos y del comportamiento de los usuarios. La prestación personalizada de servicios públicos se encuentra en numerosas regulaciones autonómicas, pero de momento solo se ha materializado en el ámbito de la Comunidad Autónoma de Cataluña. En Cataluña, la Ley

---

deró la "responsabilidad especial [de los Estados] cuando emplean nuevas tecnologías" y, además, la "norma no alcanza el equilibrio justo requerido por el CEDH [...] Además, no se conocen los indicadores de riesgo y el modelo de riesgo ni los criterios objetivos que subyacen a la validez de los indicadores de riesgo y el modelo de riesgo".

2 Cotino Hueso (2021) ejerció el derecho de acceso a la información pública para conocer cómo funcionaba el sistema y la Generalitat consideró que el sistema SALER no quedaba sometido a las decisiones automatizadas del artículo 22 del RGPD ni al artículo 41 de la Ley 40/2015. Por un lado, la Generalitat informó de que "la aplicación no toma ningún tipo de decisiones, ni mucho menos basadas únicamente en el tratamiento automatizado" y, por otro, "el sistema SALER es una herramienta informática que no se incardina en ningún procedimiento administrativo sino que, [...] la información que genere puede servir de base para tomar decisiones, como puede ser abrir unas diligencias previas de investigación o, en el caso de actuar otros órganos diferentes a la inspección y así tenerlo previsto, iniciar el correspondiente procedimiento administrativo. También puede aportar información que justifique realizar alguna actuación de mejora de la calidad de los servicios públicos".

29/2010, de 3 de agosto, del uso de los medios electrónicos en el sector público que establece que los ciudadanos y las empresas, en sus relaciones con el sector público, tienen derecho a disponer de un espacio personalizado en la sede a Ley 29/2010, de 3 de agosto, del uso de los medios electrónicos en el sector público que establece que los ciudadanos y las empresas, en sus relaciones con el sector público, tienen derecho a disponer de un espacio personalizado en la sede electrónica corporativa (artículo 13.1).

En concreto, a partir de la información disponible en la Carpeta ciudadana sobre las personas interesadas, la Administración puede ofrecer, de forma proactiva, "servicios personalizados en el ejercicio de sus funciones y competencias, relativos a sus preferencias personales y a sus intereses, siempre que se apliquen las medidas adecuadas para la protección de los derechos, libertades e intereses legítimos de las personas destinatarias". Sin embargo, personalizar los servicios públicos en la práctica presenta limitaciones y dificultades. La personalización de los servicios públicos pasa por la elaboración de perfiles, que permiten conocer las características que definen a un grupo o grupos de personas (Cerrillo i Martínez et al, 2020).

Otro de los usos que más interés ha suscitado es la policía predictiva, que se refiere a la posibilidad de diseñar estrategias de investigación y de prevención delictiva a partir de programas informáticos. Por tanto, los algoritmos redundan en una mayor eficacia de las Fuerzas y Cuerpos de Seguridad (Díaz González, 2020). En España, ya existe una herramienta que permite ejecutar labores de policía predictiva. Lo que caracteriza a la policía predictiva es el uso de una gran cantidad de datos, analizadas mediante técnicas cuantitativas, para estimar a través de los algoritmos un valor determinado. Este valor puede tratarse de un evento que ya ha tenido lugar, que está teniendo lugar en el presente o que podría ocurrir en el futuro. De hecho, el término "predictiva" puede llevar a engaño, puesto que no se refiere únicamente a las estimaciones sobre los hechos futuros, sino que también sirve para esclarecer eventos del pasado (González-Álvarez et al, 2020).

Uno de los sistemas más desarrollados de policía predictiva es el relativo a la valoración del riesgo de reincidencia en el ámbito de la violencia de género. La Secretaría de Estado de Seguridad del Ministerio del Interior creó el sistema de Sistema VioGén, que sirve para valorar el riesgo que tiene una mujer que ha denunciado previamente un crimen de violencia de género, de sufrir una nueva agresión por parte de su expareja. Para ello, se utiliza una herramienta denominada Valoración Policial del Riesgo. En función del riesgo, el sistema considera la adopción de medidas de protección policial que eviten la reincidencia. Es decir, en materia de policía predictiva, es fundamental acompañar las estimaciones del sistema con medidas preventivas de algún tipo (González-Álvarez et al, 2020).

En el año 2015, la Policía Nacional también aplicó algoritmos de policía predictiva para delimitar las zonas de patrullaje. La cuestión que subyace es que la delimitación de estas zonas depende de las características sociales, topológicas y la distribución del crimen en un espacio y momentos concretos. Gracias al desarrollo del Sistema de Información Geográfica, se ha podido identificar dónde se concentra la comisión de hechos delictivos. De esta manera, se mejoró la delimitación de las zonas de patrullaje anterior, de manera que se distribuyen los agentes policiales en aquellos lugares donde hay mayor probabilidad de que se cometa un delito.

En vista de la proliferación de los usos de la IA y consciente de los riesgos que entraña esta tecnología, la Unión Europea ha aprobado diferentes normas y recomendaciones tendentes a asegurar que la IA esté centrada en ser humano y sea confiable. Además, la Unión Europea pretende reforzar el potencial de Europa para competir a nivel mundial.

El 13 de marzo de 2024, el Parlamento Europeo aprobó el l Reglamento (UE) del Parlamento Europeo y del Consejo por el que se establecen normas armonizadas en materia de inteligencia artificial y por el que se modifican los Reglamentos (CE) n.º 300/2008, (UE) n.º 167/2013, (UE) n.º 168/2013, (UE) 2018/858, (UE) 2018/1139 y (UE) 2019/2144 y las Directivas 2014/90/UE, (UE) 2016/797 y (UE) 2020/1828 (Reglamento de Inteligencia Artificial), también conocido como *Artificial Intelligence Act* o, en adelante, Ley de IA.

Se trata de una norma pionera que fija las políticas europeas en materia de IA. A través de esta norma, se pretende garantizar que los sistemas de IA introducidos son seguros y respetan la legislación vigente; garantizar la seguridad jurídica para facilitar la inversión e innovación en IA; mejorar la gobernanza y la aplicación efectiva de la legislación vigente en materia de derechos fundamentales y los requisitos de seguridad aplicables a los sistemas de IA; y facilitar el desarrollo de un mercado único para hacer un uso legal, seguro y fiable de las aplicaciones de IA.

Por lo que respecta a la responsabilidad, la Unión Europea también ha dado un paso adelante en esta materia y el 28 de septiembre del 2022, la Comisión Europea presentó dos propuestas legislativas que introducen normas de responsabilidad para la IA:

- En primer lugar, la Propuesta de revisión de la Directiva 85/374/CEE del Consejo, de 25 de julio de 1985, relativa a la aproximación de las disposiciones legales, reglamentarias y administrativas de los Estados Miembros en materia de responsabilidad por los daños causados por productos defectuosos; y
- Por otro lado, la Propuesta de una Directiva específica sobre responsabilidad en materia de IA.

A pesar de que se trata de dos normas que se refieren a la responsabilidad civil, algunas de las disposiciones de las mismas resultan aplicables a la responsabilidad patrimonial de la

Administración. Posteriormente, se analizará en qué supuestos resultarán aplicables estas Directivas.

En España, el 13 de julio de 2022, se publicó en el BOE la primera norma que se refiere a la IA en España, la Ley 15/2022, de 12 de julio, integral para la igualdad de trato y la no discriminación (en adelante, la "Ley 15/2022"). Se trata de una ley transversal aplicable en todos los ámbitos (trabajo, sanidad, educación, espectáculos públicos, transporte, etc.), con intención de prevenir y reparar los daños derivados de conductas discriminatorias, estableciendo así un régimen sancionador, entre otras medidas. Sin embargo, el presente estudio se centra en las discriminaciones provocadas por el uso de algoritmos en el seno de la Administración Pública.

La Ley se erige como un nuevo instrumento para luchar contra la discriminación y pretende ser "un instrumento eficaz contra toda discriminación que pueda sufrir cualquier persona y que aborde todos los ámbitos desde los que esta se pueda producir, acogiendo la concepción más moderna de los derechos humanos" (Exposición de Motivos).

La norma no contiene la definición de IA ni se remite a ningún texto normativo ni internacional. La Ley podría haber definido la IA mediante su remisión a la definición dada por el Grupo de Expertos de Alto Nivel de la Comisión Europea, por la OCDE o por el Consejo Europeo. Todas ellas incluyen algunas características que podrían haber sido contempladas en esta nueva norma: la conectividad, la autonomía, la dependencia de los datos, la complejidad, la apertura y la opacidad.

La utilización de algoritmos por las Administraciones está prevista expresamente en el nuevo artículo 23 de la Ley 15/2022, cuya rúbrica es "Inteligencia Artificial y mecanismos de toma de decisión automatizados". En este precepto, insta a las Administraciones Públicas a favorecer "la puesta en marcha de mecanismos para que los algoritmos [...] tengan en cuenta criterios de minimización de sesgos, transparencia y rendición de cuentas, siempre que sea factible técnicamente".

En el segundo apartado de este precepto, se dispone la necesidad de que los algoritmos sean transparentes y comprensibles por la ciudadanía. En el apartado 3, se establece la necesidad de que la IA utilizada por la Administración Pública sea ética, confiable y respetuosa con los derechos fundamentales, respetando las recomendaciones de la Unión Europea en este sentido. Y, por otro lado, en el apartado 4, se promoverá un sello de calidad de los algoritmos.

A pesar de las ventajas de contar con una ley en esta materia, se debe indicar que esta norma resulta criticable por tres motivos:

i. En primer lugar, la Administración no dispone de guías claras y herramientas concretas para la toma de decisiones;

ii. En segundo lugar, en nada modifica el ordenamiento jurídico, ya que la Administración ya estaba obligada a respetar los derechos fundamentales de los ciudadanos;

iii. Finalmente, todas estas previsiones ya se encuentran incluidas en las recomendaciones y normas aprobadas por la Unión Europea, aunque resulta loable que se incorporen en el ordenamiento jurídico español mediante una norma *ad hoc.*

A pesar de la existencia de normas específicas en la materia, la puesta en marcha de los algoritmos en el sector público no está exenta de riesgos y la Administración Pública puede causar daños como consecuencia de su utilización. Los daños que puede causar son tan diversos como los usos que se les pueden otorgar. Por ejemplo, se causaría un daño a un aspirante en un proceso competitivo que ha sido discriminado por el algoritmo; o a una persona que se le deniegan determinados beneficios penitenciarios como consecuencia de un resultado erróneo del algoritmo al evaluar su riesgo de reincidencia. Estaríamos hablando también de daños si a una persona se le deniega una licencia de actividad como consecuencia de un error de la IA y, por tanto, la puesta en marcha de su negocio se retrasa indebidamente.

En definitiva, si bien nos encontramos en una fase incipiente de uso de algoritmos, la realidad de esta tecnología y su crecimiento exponencial obligan a realizar una reflexión como la de este trabajo para sentar las bases de la responsabilidad patrimonial de la Administración en este ámbito. En la actualidad, si una persona sufre un daño como consecuencia de una decisión algorítmica de la Administración, es posible que se adapten las normas en vigor en materia de responsabilidad para determinar cómo se le va a resarcir. Sin embargo, esto generará inseguridad jurídica ya que la Administración no podrá evaluar y asegurar cómo se va a exponer a esta responsabilidad. Por ello, deben adoptarse normas específicas en esta materia, que aumentarán la confianza de la sociedad y del sector público en las tecnologías de IA, otorgarán un mayor nivel de protección a los ciudadanos y ciudadanas y, finalmente, beneficiarán a las empresas que forman parte de la cadena de valor de la IA.

CAPÍTULO 1.
Ámbito subjetivo de la responsabilidad por daños causados por actos administrativos basados en inteligencia artificial

1. LOS TIPOS DE ACTOS ADMINISTRATIVOS EN LOS QUE PUEDE INTERVENIR LA IA Y LOS ALGORITMOS

A medida que se ha ido desarrollando la tecnología, se ha demostrado que la Administración Pública podría ser más eficiente si utilizara sistemas de IA para tomar decisiones. No obstante, como hemos visto, la aplicación de sistemas algorítmicos en el sector público se ha adelantado a la aprobación de un marco normativo que la regule y establezca sus requisitos.

Respecto al tipo de funciones que puede realizar la IA en el sector público, se debe distinguir cada una de ellas y qué objetivos se persiguen en cada caso (Huergo Lora, 2020):

i. En primer lugar, existen algoritmos que se limitan a traducir la norma en un programa informático. Son programas sencillos. De hecho, recordemos que una calculadora permite realizar cálculos algorítmicos. En el caso de funciones públicas, por ejemplo, estaríamos en esta situación cuando la Administración utilizara una aplicación para tramitar la concesión de permisos del personal funcionario y laboral a su servicio. Esta aplicación recibiría las solicitudes, se dirigiría a los órganos competentes para concederlas y archivaría su aprobación. Esta aplicación solo aceptaría las solicitudes que encajan en los supuestos legalmente previstos.

ii. Una segunda categoría se refiere a aquellos algoritmos en los que, aunque el algoritmo no añade ningún elemento adicional al previsto en la norma, no es posible saber cómo se habría aplicado la norma sin la aplicación informática. Estaríamos ante sorteos o procedimientos complejos de asignación de recursos escasos (como concursos de traslados o la asignación de las plazas de MIR, un asunto candente en los últimos tiempos).

    Esta categoría se asemeja a la anterior en que se basa en el ejercicio de potestades regladas, pero mientras en el anterior estamos ante actuaciones aisladas, en éste, estamos ante actuaciones encadenadas, de manera que la decisión de una influye en la decisión siguiente.

    Como pone de manifiesto Huergo, en el caso de la asignación de plazas, la asignación de la primera afecta a las plazas disponibles siguientes. En consecuencia, no resulta tan sencillo determinar cuál habría sido la resolución del procedimiento sin la intervención algorítmica.

    Si la decisión se recurre, será necesario verificar cómo ha funcionado el algoritmo, para contrastar su decisión con el tipo normativo.

iii. Existe un tercer tipo, los algoritmos predictivos, que afectan al contenido de la resolución administrativa porque proporcionan criterios para dictar actos administrativos: por ejemplo, para decidir zonas de patrullaje, a quién se inspecciona, a quién se le aplica la medida de prisión preventiva, quién tiene mayor probabilidad para cometer un delito, etc.

Son actos que no son completamente reglados porque si lo fueran, su contenido se derivaría directamente de la norma.

Las predicciones algorítmicas condicionan a la Administración para que actúe en un sentido u otro.

Cuando las predicciones algorítmicas se traducen en actos administrativos resolutorios —que ponen fin a un procedimiento administrativo—, estaríamos ante actos discrecionales. Sin embargo, lo más común y frecuente es que las predicciones algorítmicas se inserten en el procedimiento como actos de trámite. Según Huergo (2020), con el que coincidimos, equivaldrían a los informes técnicos que se emiten en el seno del procedimiento y, en base a ellos, se adopta un determinado acto administrativo.

De lo expuesto hasta ahora, debemos distinguir dos categorías para determinar las consecuencias jurídicas que se van a desencadenar en el caso de que se empleen algoritmos para tomar decisiones en el seno de la Administración:

i. Es posible que la IA sirva para dictar una actuación administrativa automatizada (serían la primera y la segunda categoría expuestas, en el caso de que el acto se dictara sin intervención humana). La Ley 40/2015 sí que regula el régimen de la actuación administrativa automatizada, que es aquella actuación realizada íntegramente por medios electrónicos en el marco de un procedimiento y, además, no hay intervención de empleado público. Véase que el precepto es muy amplio porque se refiere a “medios electrónicos” y no a “IA” o a “algoritmos”.

   Debemos advertir que puede existir actuación automatizada sin IA o IA sin actuación automatizada. Además, la actuación administrativa automatizada sirve para el ejercicio de potestades regladas, donde la Administración se limita a aplicar los criterios preestablecidos en la norma de que se trate.

ii. Por otro lado, existen las predicciones algorítmicas. Son aquellas que permiten a la Administración tomar una decisión más informada —por ejemplo, al basarse en un mapa de delincuencia basado en un algoritmo—. Según Huergo, su función sería similar a la de un informe en el seno de un procedimiento administrativo. Las predicciones algorítmicas tienen lugar en el ejercicio de las potestades discrecionales, en las que la norma no predetermina todas las condiciones y consecuencias de su ejercicio, sino solo algunas, y habilita a la Administración Pública para que determine en el caso concreto la concurrencia de las demás y para que elija una opción entre diversas opciones igualmente válidas. Existe cierto margen de maniobra para la Administración.

Resulta conveniente distinguir estas dos figuras antes de abordar el régimen de responsabilidad patrimonial de la Administración, puesto que su naturaleza y efectos son sustancialmente distintos y condicionarán la forma en que responderá la Administración en caso de que cause un daño:

i. En la actuación administrativa automatizada no hay intervención humana; (al menos, no de forma directa), en las predicciones algorítmicas, sí;

ii. La actuación administrativa automatizada está prevista en la Ley 40/2015, las predicciones algorítmicas, no;

iii. La actuación administrativa automatizada sirve para el ejercicio de potestades regladas, las predicciones algorítmicas, para el ejercicio de las potestades discrecionales;

iv. También debemos poner de manifiesto que cada una de ellas empleará un tipo algorítmico distinto: la actuación administrativa automatizada empleará algoritmos no predictivos, mientras que las predicciones algorítmicas se basarán, como su propio nombre indica, en algoritmos no predictivos.

La responsabilidad en cada uno de los casos será distinto, ya que en el caso de las potestades regladas la Ley determina todas las condiciones de su ejercicio, de manera que la propia norma define todas las consecuencias jurídicas que siguen a un supuesto de hecho concreto. Es el caso de la jubilación por edad de los funcionarios, ascenso por antigüedad o la liquidación de un tributo (García de Enterría y Fernández, 2000). Se trata de decisiones administrativas que tienen un contenido predeterminado a partir del supuesto de hecho previsto en la norma. Por otro lado, en las potestades discrecionales no existe esa automaticidad. La existencia de las potestades discrecionales es "una exigencia indeclinable del gobierno humano", ya que muchas veces la conducta humana no puede ser reducida a una "pura monocracia objetiva y neutral, a un simple juego automático de normas" (Ponce Solé, 2019).

Estas características, como veremos, condicionarán la manera en que responde la Administración en cada uno de los casos.

2. SUJETOS INTERVINIENTES EN EL PROCESO

La responsabilidad patrimonial de la Administración tiene como finalidad la protección de los administrados que han sufrido un daño como consecuencia del funcionamiento del servicio público. En palabras de García de Enterría, la garantía del ciudadano es "el sentido y la finalidad última del sistema" (García de Enterría y Fernández Rodríguez, 2000). La responsabilidad patrimonial de la Administración se encuentra regulada en la actualidad en la Ley 40/2015, cuyo artículo 34.1 dispone que:

> "Los particulares tienen derecho a ser indemnizados por toda lesión que sufran en cualquiera de sus bienes y derechos, siempre que la lesión sea consecuencia del funcionamiento normal o anormal de los servicios públicos salvo en los casos de fuerza mayor o de daños que el particular tenga el deber jurídico de soportar de acuerdo con la Ley".

No existe ninguna mención específica a los daños causados por la IA en este ámbito, ni en la Ley ni en el Real Decreto 203/2021, de 30 de marzo, por el que se aprueba el Reglamento de actuación y funcionamiento del sector público por medios electrónicos, lo que obliga a realizar una reflexión como la del presente trabajo para determinar cómo responderá la Administración cuando, a través de los algoritmos, sus actos causen un daño a los administrados.

Con carácter preliminar, antes de entrar al desarrollo completo del régimen de responsabilidad patrimonial, se va a realizar una distinción de los distintos sujetos que pueden causar el daño. En el *statu quo* actual, lo más probable es que la Administración externalice los servicios que se van a prestar mediante un sistema de IA, habida cuenta la insuficiencia de medios en el sector público. En el caso de los sistemas de IA empleados por la Administración Pública, se pueden distinguir los siguientes sujetos intervinientes:

i. El fabricante del dispositivo físico, que es la persona que fabrica un producto acabado, que produce una materia prima o que fabrica una parte integrante, y toda aquella persona que se presente como productor poniendo su nombre, marca o cualquier otro signo distintivo en el producto (Directiva 85/374/CEE del Consejo, de 25 de julio de 1985). La posibilidad de que el dispositivo físico *per se* cause daños no es aplicable al presente estudio, por lo que la responsabilidad del fabricante no va a ser objeto de análisis.

ii. El proveedor del sistema de IA, es decir, aquel que introduce los datos y programa el algoritmo correspondiente.

    En palabras de la Ley de IA, el proveedor es "una persona física o jurídica, autoridad pública, órgano u organismo que desarrolle un sistema de IA o un modelo de IA de uso general o para el que se desarrolle un sistema de

IA o un modelo de IA de uso general y lo introduzca en el mercado o ponga en servicio el sistema de IA con su propio nombre o marca, previo pago o gratuitamente" (artículo 3.3 de la Ley de IA).

Si es un tercero ajeno a la Administración, deberá haber sido contratado a través del correspondiente expediente de contratación, habida cuenta de la insuficiencia de medios tecnológicos de la Administración Pública.

Teniendo en cuenta el desarrollo tecnológico de la Administración Pública, lo más probable es que ésta no cuente con medios materiales y humanos propios, sino que tendrá que externalizar la compra de las soluciones basadas en IA para adoptar sus propias decisiones. Los empleados públicos todavía no cuentan con la formación suficiente para programar algoritmos.

En palabras de la Ley de IA (artículo 1), el programador sería aquel proveedor que introduce en el mercado modelos de IA de uso general.

iii. La Administración Pública, que será la que preste servicios a los ciudadanos a través del sistema de IA. En la actualidad, la IA puede ser utilizada para elaborar mapas de delincuencia, para predecir la posibilidad de que se ocasione un incendio, etc.

Según la Ley de IA, la Administración Pública sería la "responsable del despliegue". Este concepto se extiende a cualquier persona, "incluida cualquier autoridad pública, órgano u organismo, que utilice un sistema de IA bajo su propia autoridad". La Administración encajaría en este concepto.

La Ley de IA prevé en su artículo 25 las responsabilidades a lo largo de la cadena de valor de la IA y establece que cualquier "distribuidor, importador, responsable del despliegue o tercero será considerado responsable" estará sujeto a las obligaciones del proveedor[1].

---

[1] 1. Los proveedores de modelos de IA de propósito general deberán (artículo 53 de la Ley de IA):
(a) elaborará y mantendrá actualizada la documentación técnica del modelo, incluido su proceso de formación y ensayo y los resultados de su evaluación, que contendrá, como mínimo, la información establecida en el Anexo XI, con el fin de facilitarla, previa solicitud, a la Oficina AI y a las autoridades nacionales competentes;
(b) elaborará, mantendrá actualizados y facilitará información y documentación a los proveedores de sistemas de IA que pretendan integrar el modelo de IA de propósito general en sus sistemas de IA. Sin perjuicio de la necesidad de respetar y proteger los derechos de propiedad intelectual y la información empresarial confidencial o los secretos comerciales de conformidad con el Derecho de la Unión y nacional, la información y la documentación deberán:
(i) permitir a los proveedores de sistemas de IA conocer bien las capacidades y limitaciones del modelo de IA de propósito general y cumplir sus obligaciones en virtud del presente Reglamento, y
(ii) contener, como mínimo, los elementos establecidos en el Anexo XII;
(c) establecer una política para cumplir la legislación de la Unión en materia de derechos de autor y derechos afines y, en particular, para identificar y cumplir, incluso mediante tecnologías de vanguardia, una reserva de derechos expresada de conformidad con el artículo 4, apartado 3, de la Directiva (UE) 2019/790;
(d) elaborar y poner a disposición del público un resumen suficientemente detallado sobre el contenido utilizado para el entrenamiento del modelo de IA de propósito general, de acuerdo con una plantilla facilitada por la Oficina de IA.
2. Las obligaciones establecidas en el apartado 1, letras a) y b), no se aplicarán a los proveedores de modelos de IA que se publiquen bajo una licencia gratuita y de código abierto que permita el acceso, uso, modificación y distribución del modelo, y cuyos parámetros, incluidas las ponderaciones, la información sobre la arquitectura del modelo y la información sobre el uso del modelo, se pongan a disposición del público. Esta excepción no se aplicará a los modelos de IA de propósito general con riesgos sistémicos.
3. Los proveedores de modelos de IA de propósito general cooperarán en la medida necesaria con la Comisión y las autoridades nacionales competentes

3. LA RESPONSABILIDAD DEL PROVEEDOR EXTERNO

3.1. La regulación de la responsabilidad del contratista

Si la Administración no cuenta con medios materiales ni personales para implementar un sistema de IA, deberá licitar el servicio. La falta de medios y de personal cualificado obligará a externalizar prácticamente cualquier servicio que suponga la implementación de la IA. En cuanto a su uso, es posible que el servicio comprenda también la extracción de datos y soluciones a partir del sistema de IA, o bien que sea tan sencillo utilizar el algoritmo que pueda quedar en manos de funcionarios públicos que no dispongan de conocimientos técnicos, sino

---

en el ejercicio de sus competencias y facultades con arreglo al presente Reglamento.
4. Los proveedores de modelos de IA de propósito general podrán basarse en códigos de prácticas en el sentido del artículo 56 para demostrar el cumplimiento de las obligaciones establecidas en el apartado 1 del presente artículo, hasta que se publique una norma armonizada. El cumplimiento de las normas armonizadas europeas otorga a los proveedores la presunción de conformidad en la medida en que dichas normas cubran esas obligaciones. Los proveedores de modelos de IA de propósito general que no se adhieran a un código de buenas prácticas aprobado o no cumplan una norma armonizada europea deberán demostrar medios de cumplimiento alternativos adecuados para su evaluación por la Comisión.
5. A fin de facilitar el cumplimiento de lo dispuesto en el anexo XI, en particular en las letras d) y e) de su punto 2, se otorgan a la Comisión los poderes para adoptar actos delegados con arreglo al artículo 97 para detallar las metodologías de medición y cálculo con vistas a permitir una documentación comparable y verificable.
6. La Comisión está facultada para adoptar actos delegados con arreglo al artículo 97, apartado 2, para modificar los anexos XI y XII a la luz de la evolución tecnológica.
7. Cualquier información o documentación obtenida en virtud del presente artículo, incluidos los secretos comerciales, se tratará de conformidad con las obligaciones de confidencialidad establecidas en el artículo 78.

que simplemente se limiten a introducir los datos y a aplicar las soluciones del sistema de IA.

En cualquier caso, advertimos desde este momento que se trata de una cuestión casuística, ya que no será lo mismo que (*i*) el contratista simplemente implante el sistema de IA, que el hecho de que (*ii*) el contratista implante y se dedique a extraer resultados de este sistema o que, además de las tareas mencionadas, (*iii*) el contratista interprete los datos del algoritmo. El grado de control será distinto en cada caso. Sobre estas premisas, se analiza la responsabilidad del contratista, en este caso, el proveedor del sistema de IA.

La regulación inicial de la responsabilidad de los contratistas en el Reglamento de Contratos del Estado, aprobado por Decreto 3354/1967, de 28 de diciembre, que reconoció en su artículo 134 que "será de cuenta del contratista indemnizar todos los daños que se causen a terceros como consecuencia de las operaciones que requiera la ejecución de las obras", si bien "cuando tales perjuicios hayan sido ocasionados como consecuencia inmediata y directa de una orden de la Administración, será ésta responsable", dentro de los límites legalmente establecidos, respondiendo también esta última "de los daños que se causen a terceros como consecuencia de vicios del proyecto".

El Tribunal Supremo confirmó la legalidad de este precepto en su Sentencia de 28 de mayo de 1980, al entender que la obra pública realizada mediante contratista privado también es un servicio público[2]:

> "Es también servicio público en el amplio sentido de empresa u organización pública allí empleado y cuyo normal o anormal funcionamiento es susceptible de determinar la respon-

---

2 Sentencia de la Sala de lo Contencioso-Administrativo del Tribunal Supremo 1688/1980, de 28 de mayo. TOL967.082.

sabilidad del ente titular en los supuestos en que los daños deriven de órdenes directas e inmediatas de la Administración o de vicios del proyecto, de forma que del carácter decisivo y prioritario que la determinación de esas excepciones puede tener para la Administración, se reconoce a ésta la competencia para decidir, tanto sobre la procedencia de la indemnización como sobre quién debe pagarla".

Con posterioridad a la Constitución de 1978, que previó la responsabilidad de la Administración Pública en su artículo 106.2, se aprobó la Ley 13/1995, de 18 de mayo, de Contratos de las Administraciones Públicas, cuyo artículo 98 dispone:

"1. Será obligación del contratista indemnizar todos los daños y perjuicios que se causen a terceros como consecuencia de las operaciones que requiera la ejecución del contrato.

2. Cuando tales daños y perjuicios hayan sido ocasionados como consecuencia inmediata y directa de una orden de la Administración, será ésta responsable dentro de los límites señalados en las leyes. También será la Administración responsable de los daños que se causen a terceros como consecuencia de los vicios del proyecto elaborado por ella misma en el contrato de obras o en el de suministro de fabricación.

3. Los terceros podrán requerir previamente, dentro del año siguiente a la producción del hecho, al órgano de contratación para que éste, oído el contratista, se pronuncie sobre a cuál de las partes contratantes corresponde la responsabilidad de los daños. El ejercicio de esta facultad interrumpe el plazo de prescripción de la acción civil.

4. La reclamación de aquéllos se formulará, en todo caso, conforme al procedimiento establecido en la legislación aplicable a cada supuesto".

Este enunciado permaneció prácticamente invariable tras la aprobación del posterior Texto Refundido de la Ley, aprobado por Real Decreto Legislativo 2/2000, de 16 de junio y, posteriormente, a la 2007 y de 2011.

En la actual Ley 9/2017, de 8 de noviembre, de Contratos del Sector Público, por la que se transponen al ordenamiento jurídico español las Directivas del Parlamento Europeo y del Consejo 2014/23/UE y 2014/24/UE, de 26 de febrero de 2014 (en adelante, la "LCSP"), el artículo 196 dispone que "será obligación del contratista indemnizar todos los daños y perjuicios que se causen a terceros como consecuencia de las operaciones que requiera la ejecución del contrato". Así, la responsabilidad del contratista por los daños causados a los administrados se configura como directa y total.

No obstante, debemos alertar en este punto que existe una cuestión ambigua pero relevante en el supuesto que estamos analizando, y es la relativa a los riesgos inherentes al objeto contractual. Según la doctrina, es necesario separar los riesgos de la prestación en dos grupos: (*i*) los daños causados por la existencia misma del servicio de que se trate, con independencia de la fórmula por la que se haya optado para su prestación; y (*ii*) de otro, los daños que se derivan directamente de la gestión del servicio (Casares Marcos, 2013).

La cláusula del artículo 196 de la LCSP y las previsiones que desarrollamos a continuación no aplicarán cuando los daños hayan sido causados por una incorrecta configuración del objeto del contrato, es decir, cuando los daños sean inherentes al propio servicio. Por ejemplo, en el supuesto de que la Administración adquiera una aplicación tecnológica para que dicte Sentencias sin el posterior control del juez atentará a la tutela judicial efectiva, pero no por el hecho de que el contratista preste un mal servicio, sino porque la Administración habrá errado en la configuración del servicio. Es decir, los daños relativos a la indebida configuración del objeto, con independencia de la diligencia del contratista y del modo de ejecución del contrato, se englobarán entre los daños causados por la Administración Pública, y quedarán sujetos al régimen de la Ley 40/2015, no a la LCSP.

Finalmente, hay que tener en cuenta que el régimen aplicable a los contratos licitados por poderes adjudicadores no administración pública y a la Administración Pública es distinta. En el primer grupo encontramos, entre otros, entidades públicas empresariales y organismos dependientes de las Comunidades Autónomas y Entidades Locales, que quedan excluidas del régimen de la contratación administrativa *stricto sensu*. La ejecución y extinción de estos contratos se rige por el derecho privado[3].

Acotado así el objeto de reflexión de las páginas que siguen, se abordarán las cuestiones más problemáticas de los daños

---

3 En ese caso, la preparación y adjudicación del Contrato se regirán por las normas de la LCSP, pero la ejecución y extinción se regirán por el Derecho privado. El artículo 317 de la LCSP prevé que "la preparación y adjudicación de los contratos sujetos a regulación armonizada que concierten los poderes adjudicadores a que se refiere el presente Título se regirán por las normas establecidas en las Secciones 1.ª y 2.ª del Capítulo I del Título I del Libro II de esta Ley". El artículo 319 de la LCSP dispone que "Los efectos y extinción de los contratos celebrados por los poderes adjudicadores que no pertenezcan a la categoría de Administraciones Públicas se regirán por normas de derecho privado. No obstante lo anterior, le será aplicable lo dispuesto en los artículos 201 sobre obligaciones en materia medioambiental, social o laboral; 202 sobre condiciones especiales de ejecución; 203 a 205 sobre supuestos de modificación del contrato; 214 a 217 sobre cesión y subcontratación; y 218 a 228 sobre racionalización técnica de la contratación; así como las condiciones de pago establecidas en los apartados 4.º del artículo 198, 4.º del artículo 210 y 1.º del artículo 243". En esencia, esto significa que la ejecución y, en particular, el régimen de responsabilidad, quedará sujeto a las normas del Derecho civil, con la particularidad de que la jurisdicción contencioso-administrativa será la competente para conocer de los daños derivados del funcionamiento de los servicios públicos.

causados a terceros por contratistas de la Administración Pública. La regulación de la responsabilidad patrimonial de la Administración y, especialmente de este ámbito, ha sido de configuración eminentemente jurisprudencial (Casares Marcos, 2013).

3.2. Los daños de los que responden los contratistas

La responsabilidad de los contratistas está regulada en el artículo 196.1 de la LCSP que dispone que "será obligación del contratista indemnizar todos los daños y perjuicios que se causen a terceros como consecuencia de las operaciones que requiera la ejecución del contrato". Esto da lugar a dos premisas de partida:

i. En primer lugar, la jurisprudencia ha interpretado de forma amplia el concepto de servicio público, que equivale a toda actividad administrativa, de giro o tráfico administrativo, de gestión, actividad o quehacer administrativo o de hacer o actuar de la Administración, incluso por omisión, pasividad o inactividad[4]. Es decir, la contratación de un sistema de IA para la prestación de servicios públicos entraría de lleno en esta definición.

ii. Además, la Ley utiliza un término omnicomprensivo cuando se refiere a todos los daños, es decir, no limita la indemnización a los daños causados por culpa o negligencia, sino que abarca todos y cada uno de los daños.

---

4 Por todas, Sentencia de la Sala de lo Contencioso-Administrativo del Tribunal Supremo 4395/2002, de 15 de junio. TOL213.101 y Sentencia de la Sala de lo Contencioso-Administrativo del Tribunal Supremo 4837/2002, de 29 de junio. TOL213.328.

La regla general del artículo 196.1 de la LCSP es que el contratista responde de los daños que se ocasionen a terceros como consecuencia de la ejecución del contrato.

No obstante, es muy frecuente que, por una cuestión práctica, los administrados que han sufrido un daño se dirijan a la Administración Pública competente para que ésta reconozca la procedencia o no de la indemnización.

El Tribunal Supremo ha interpretado que hay que analizar la relación de causalidad entre el hecho y el resultado dañoso y considera lo siguiente[5]:

> "[...] la Administración sólo responde de los daños verdaderamente causados por su propia actividad o por sus propios servicios, no de los daños imputables a conductas o hechos ajenas a la organización o a la actividad administrativa, pues la responsabilidad de la Administración no puede ser tan amplia que alcance a los daños derivados de actos puramente personales de otros sujetos de derecho que no guardan relación alguna con el servicio".

Entonces, ¿qué ocurriría si los administrados se dirigieran en primer lugar contra la Administración para obtener la indemnización de los daños causados por el contratista? El Consejo de Estado interpreta que la Administración debe responder siempre. Resulta ilustrativo el Dictamen 1116/2015, de 10 de marzo de 2016, emitido a propósito del Anteproyecto de la LCSP. En este Dictamen concluye que:

i. Los daños causados por el contratista a los administrados deben ser reclamados ante la Administración.

ii. La Administración, en su caso, podrá ejercer la acción de repetición contra el contratista. Es decir, la indemni-

---

[5] Sentencia de la Sala de lo Contencioso-Administrativo del Tribunal Supremo 2845/2003, de 24 de abril. TOL294.038.

zación debe ser abonada por la Administración, sin perjuicio de la mencionada acción de repetición.

iii. La Administración responderá siempre que el administrado pruebe el daño efectivamente sufrido y la relación causa-efecto entre el servicio público y el daño.

iv. Este criterio es válido incluso en aquellos servicios en los que se transfiere la titularidad del servicio.

v. El administrado no debe soportar la carga de determinar quién ostenta legitimación pasiva, si el contratista o la Administración.

No obstante, esta postura ha sido criticada porque si la Administración responde siempre y en todo caso, se convierte en una especie de aseguradora universal que cubre cualquier daño causado por los contratistas (Gamero Casado, 2018).

Aparte de dirigirse directamente a la Administración para obtener la indemnización correspondiente, la LCSP regula un requerimiento previo que da lugar a la tramitación de un procedimiento administrativo. El artículo 196.3 de la LCSP reconoce que:

> "[...] los terceros podrán requerir previamente, dentro del año siguiente a la producción del hecho, al órgano de contratación para que este, oído el contratista, informe sobre a cuál de las partes contratantes corresponde la responsabilidad de los daños. El ejercicio de esta facultad interrumpe el plazo de prescripción de la acción".

De este precepto se desprenden tres características:

i. El requerimiento tiene carácter potestativo, de manera que nada obsta a que los damnificados reclamen directamente contra los contratistas (vía civil);

ii. El órgano de contratación debe pronunciarse sobre el responsable de indemnizar los daños. En el curso de este procedimiento, deberá dar audiencia al contratista.

iii. Por este motivo, la Administración solo podrá ejercer la acción de regreso contra el contratista si finalmente se determina que éste es el responsable, una vez haya finalizado este procedimiento.

El Consejo de Estado sostiene que, en estos casos, lo procedente es declarar la responsabilidad directa de la Administración y su obligación de indemnizar al reclamante, sin perjuicio de que posteriormente pueda repercutir dicha cuantía al contratista (entre otras, en la Memoria del Consejo de Estado del año 2008, pp. 192 a 197). De lo contrario, se obligaría al ciudadano a entablar dos procedimientos de reclamación de responsabilidad patrimonial: uno civil, contra el contratista; y otro en vía administrativa, contra la Administración.

Sin embargo, no es una cuestión pacífica. Existen pronunciamientos judiciales que han considerado que la Administración puede dictar resolución desestimatoria de la reclamación, sin reconocer el derecho del perjudicado a ser indemnizado ni a fijar cuantía alguna, de manera que deja abierta la acción del perjudicado para reclamar contra el contratista por la vía civil[6].

---

[6] Por todas, Sentencia de la Sala de lo Contencioso-Administrativo del Tribunal Superior de Justicia de Castilla-La Mancha 3450/2016, de 28 de noviembre. TOL5.942.432.
En esta Sentencia, se concluye que: "En efecto si el perjudicado, en lugar de dirigirse al órgano de contratación, se dirige directamente a la Administración en reclamación de los perjuicios padecidos, mediante la correspondiente reclamación de responsabilidad patrimonial, para el caso de que finalmente se considere existente la responsabilidad reclamada la Administración cuenta con dos opciones, resolver que es ella misma la responsable, supuesto en que deberá así declararlo; o por el contrario resolver que la responsabilidad corresponde al contratista, en cuyo caso deberá reconducir a los interesados hacia el cauce adecuado, que es lo que hizo, en el caso analizado, la resolución impugnada. Sólo en el caso en que se infrinjan las anteriores prescripciones podría declararse la responsabilidad de la Administración, pese a que los daños y perjuicios hubieran no sido ocasionados como consecuencia inmediata y directa de una orden de la Administración, o no hubieran sido debidos a

Por tanto, cuando un administrado sufra un daño como consecuencia de un sistema de IA, dispone de tres vías para obtener una indemnización: (*i*) la vía civil contra el contratista, (*ii*) la vía administrativa contra la Administración, y (*iii*) la vía consistente en dirigir, potestativamente, un requerimiento a la Administración para que ésta determine las responsabilidades.

En el objeto de esta investigación, consideramos que lo más garantista para el administrado es que la Administración responda directamente y ésta posteriormente ejerza la acción de regreso contra el contratista. En muchas ocasiones, los administrados desconocen que en sus relaciones con la Administración existe un contratista y, además, si la Administración responde directamente obtendrán la indemnización con más celeridad que en un procedimiento civil frente al contratista correspondiente.

3.3. Régimen sustantivo aplicable a las relaciones entre los contratistas y los administrados

Ahora bien, aunque la jurisdicción civil sea la competente para determinar la responsabilidad del contratista, conviene plantearse el régimen sustantivo aplicable a las reclamaciones de los administrados contra los contratistas de la Administración. Adelantamos que no hay un criterio doctrinal claro.

García de Enterría consideraba que, igual que los actos del concesionario no son actos administrativos, su responsabilidad tampoco lo será (García de Enterría, 2000). Sin embargo, otros autores sostienen que el contratista se encuentra sujeto a un régimen de responsabilidad objetiva, es decir, que para determinar su responsabilidad debe acudirse a las normas de

---

los vicios del proyecto elaborado por ella misma en el contrato de obras o en el de suministro de fabricación".

contratación pública. Estos autores se basan en que el resarcimiento al administrado no puede depender de las decisiones organizativas de la Administración, como es la de realizar la actividad por sí misma o a través de un tercero (Alonso Mas y Narbón Laínez, 2013).

Según Gamero Casado, del artículo 106 de la Constitución no se desprende que el contratista responda siempre conforme a las normas administrativas. De hecho, considera que no tiene sentido someter al régimen jurídico de la responsabilidad administrativa el daño que el contratista ocasiona a terceros en la ejecución de un contrato de suministro de papel, por ejemplo (Gamero Casado, 2013).

Sin embargo, existen otros ámbitos en los que Gamero Casado considera que el contratista debe someterse a las mismas reglas de responsabilidad que el órgano de contratación. En este grupo, el autor menciona expresamente la prestación de servicios públicos mediante concesión o concierto. Cuando se trata de servicios públicos *stricto sensu*, considera lógico que los contratistas respondan de conformidad con el régimen regulado en el artículo 106.2 de la constitución, ya que de lo contrario sería discriminatorio según la Administración realizara la actividad por sí misma o bien mediante un contratista (Gamero Casado, 2013).

El Tribunal Supremo ha interpretado, ante reclamaciones de responsabilidad por la deficiente asistencia sanitaria en unas clínicas concertadas con ISFAS y MUFACE, que los contratistas quedan sujetos al régimen de responsabilidad de la Administración Pública[7].

---

7 En la Sentencia de la Sala de lo Contencioso-Administrativo del Tribunal Supremo 5339/2015, de 9 de diciembre (TOL5.596.153) el Tribunal afirma: "Los razonamientos contenidos en la sentencia de instancia cuando excluye la responsabilidad patrimonial, alegando que el ISFAS no ha prestado ningún tipo de asistencia sanitaria, sino que ha sido la entidad concertada elegida

Sin embargo, se trata de un debate casuístico y no es posible establecer un criterio apriorístico para determinar el régimen sustantivo aplicable. Por ello, el legislador debería aclarar en qué supuestos se aplica la responsabilidad administrativa y en qué supuestos la responsabilidad civil del contratista. En este sentido, coincidimos con Gamero Casado (2013) en que la distinción debería atender a la tipología contractual de que se trate, así:

i. Los contratos de obras, concesión de obras, concesión de servicios públicos y contratos de servicios se deberían someter a las reglas jurídico-administrativas de imputación de responsabilidad. Consideramos, igual que el citado autor, que las actividades administrativas *stricto sensu* deben someterse a este régimen.

   En estos casos, el administrado deberá iniciar un procedimiento administrativo para determinar quién responde de los daños sufridos (la Administración, el contratista o ambos). La resolución que ponga fin a este procedimiento será impugnable en el orden contencioso-administrativo, incluso cuando se impute la responsabilidad exclusiva del contratista, pues en los ámbitos mencionados la relación de fondo es jurídico-administrativa.

ii. El resto de contratos típicos, debido a su objeto, deberían someterse a las reglas privadas de responsabilidad y, por tanto, los contratistas deberían quedar sujetos a las normas civiles y al orden jurisdiccional civil.

---

libremente por el mutualista, la que los ha prestado, no resultan ajustados a derecho, no pudiendo oponerse las concretas cláusulas del concierto, a quien tiene el carácter de tercero en relación al articulado del mismo, pero que precisamente por la existencia de éste, acude a recibir asistencia sanitaria a la entidad médica con laque el ISFAS, de cuyo régimen sanitario es beneficiario, ha suscrito el oportuno concierto para la prestación de dicha asistencia".

En el caso de la IA, consideramos que debería aplicarse el régimen civil de responsabilidad. Por un lado, porque no estamos ante una actividad materialmente administrativa. Se trata de una opción para la Administración Pública, pero no es un "servicio público" en sentido estricto. Esto es, la Administración también puede tomar decisiones sin necesidad de la intervención de la IA y, simplemente por una cuestión organizativa, puede decidir que este servicio lo preste un tercero.

Por otro lado, por una cuestión de seguridad jurídica. Los contratistas de la Administración que se dedican en su giro y tráfico habitual al suministro de soluciones de IA, ajustan sus comportamientos al régimen de responsabilidad civil, esto es, responden por culpa o negligencia. Carece de sentido aplicar el régimen objetivo de responsabilidad a los contratistas de la Administración en función del destinatario de estas soluciones de IA. Máxime cuando el régimen de responsabilidad objetiva de la Administración ya se encuentra en entredicho.

3.4. Las obligaciones y la responsabilidad del contratista según la Ley de IA y las Directivas en materia de responsabilidad civil extracontractual

Los daños causados por los contratistas en el seno de un contrato de servicios o de suministro como el que nos ocupa, deberían quedar sujetos al régimen de responsabilidad civil regulado, actualmente, en la Ley de IA y, en la propuesta de Directiva del Parlamento Europeo y del Consejo relativa a la adaptación de las normas de responsabilidad civil extracontractual a la inteligencia artificial ("Directiva sobre responsabilidad en materia de IA"), así como en la Propuesta de directiva del parlamento europeo y del Consejo sobre responsabilidad por los daños causados por productos defectuosos, de 28 de septiembre de 2022, que derogaría la Directiva 85/374/CEEE dedicada a los productos defectuosos.

A pesar de la aparente duplicidad entre estos regímenes, interesa distinguir cuándo se va aplicar una Directiva u otra:

i. La propuesta de Directiva relativa a la adaptación de las normas de responsabilidad civil extracontractual a la IA no supone una regulación completa del derecho de daños. Al contrario, esta resulta aplicable cuando tengamos que recurrir a las legislaciones nacionales. Si el daño se produce a pesar de cumplir con las medidas de seguridad previstas en la legislación europea, se aplicarán los correspondientes ordenamientos nacionales. Para aplicar esta Directiva, por tanto, se requiere que el producto adolezca de un defecto.

ii. En cambio, si el daño se produce como consecuencia del incumplimiento de las medidas de seguridad, resultará aplicable tanto la Directiva sobre productos defectuosos como las legislaciones nacionales.

Ahora bien, la doctrina ha criticado este régimen porque entiende que lo más adecuado hubiera sido que ambas Directivas optaran por la misma solución, ya que no resulta justificado aplicar un régimen u otro en función de la defectuosidad del producto o la condición de consumidor (o no) de la víctima (Ortiz Fernández, 2024).

3.4.1. La Propuesta de Directiva de responsabilidad por productos defectuosos

La Propuesta de Directiva ha ampliado el concepto de "producto" a "cualquier bien mueble, aun cuando esté incorporado a otro bien mueble o a un bien inmueble; por "producto" se entiende también la electricidad, los archivos de fabricación digital y los programas informáticos" (artículo 4).

De esta manera, la Propuesta de Directiva proporciona a la víctima una vía para reclamar los daños ocasionados a quien haya intervenido en la producción del sistema de IA causante del daño.

3.4.2. La Propuesta de Directiva de adaptación de las normas de responsabilidad

Debemos advertir desde este momento que la autonomía de la IA, sumada a las cajas negras, plantea muchos interrogantes en materia de responsabilidad, como las siguientes:

i. ¿Quién debe responder cuando el daño tiene su origen en una decisión imprevisible del sistema de IA?

ii. ¿Debe responder el fabricante, el programador, la Administración, o debe soportar el daño el perjudicado cuando no pueda atribuirse a ninguno de los anteriores?

Si conociéramos el origen del daño, sería fácil determinar quién debe responder. Sin embargo, el principal problema de los agentes artificiales es su opacidad. En muchas ocasiones, el daño puede traer causa del autoaprendizaje de la máquina o, simplemente, de un defecto del sistema de IA. Este supuesto no está previsto en nuestro ordenamiento. Por tanto, el esquema clásico de atribución de responsabilidad no resulta aplicable a estos eventos (Núñez Zorrilla, 2021).

Por ello, la propuesta de Directiva se ha basado en una presunción *iuris tantum* de causalidad[8], en la medida en que en el

---

[8] Tal presunción solo debe aplicarse cuando pueda considerarse razonablemente probable, en función de las circunstancias en las que se produjo el daño, que dicha culpa ha influido en la información de salida producida por el sistema de IA o en la no producción de la información de salida por parte del sistema de IA que haya dado lugar al daño. Por ejemplo, puede considerarse razonablemente probable que la culpa ha influido en la información de salida o en la no producción de una información de salida cuando dicha culpa consista en el incumplimiento de un deber de diligencia con respecto a la

artículo 3 establece la presunción del nexo causal siempre que se den todas las condiciones siguientes:

"a) que el demandante haya demostrado o el órgano jurisdiccional haya supuesto, de conformidad con el artículo 3, apartado 5, la culpa del demandado o de una persona de cuyo comportamiento sea responsable el demandado, consistente en el incumplimiento de un deber de diligencia establecido por el Derecho de la Unión o nacional destinado directamente a proteger frente a los daños que se hayan producido;

b) que pueda considerarse razonablemente probable, basándose en las circunstancias del caso, que la culpa ha influido en los resultados producidos por el sistema de IA o en la no producción de resultados por parte del sistema de IA; y

c) que el demandante haya demostrado que la información de salida producida por el sistema de IA o la no producción de una información de salida por parte del sistema de IA causó los daños".

Es decir, la culpa se establece en relación con el incumplimiento de las normas de la Unión Europea que regulan específicamente los sistemas de IA de alto riesgo o los deberes de diligencia vinculados a determinadas actividades y que son

---

limitación del perímetro de funcionamiento del sistema de IA y los daños se hayan producido fuera del perímetro de funcionamiento. Por el contrario, no puede considerarse razonablemente probable que el incumplimiento de la obligación de presentar determinados documentos o de registrarse ante una autoridad determinada —aunque ello pueda estar previsto para esa actividad concreta o incluso ser expresamente aplicable al funcionamiento de un sistema de IA— ha influido en la información de salida producida por el sistema de IA o en la no producción de dicha información de salida por sistema de IA.

aplicables con independencia de que la IA se utilice o no para esa actividad.

A este respecto, el artículo 3 de la propuesta de Directiva establece la obligatoriedad de que los Estados miembros garanticen que los órganos jurisdiccionales tengan potestad para ordenar, a petición del demandado y previa presentación de hechos y pruebas suficientes, la exhibición de las pruebas pertinentes de que disponga.

A continuación, la propuesta de Directiva incluye una presunción general del nexo causal entre la culpa y el daño, en los siguientes supuestos (artículo 4). Cuando se haya probado la culpa por el demandante; se haya recurrido a la presunción de negligencia anteriormente expuesta; pueda considerarse razonablemente probable que la culpa ha incluido en la producción del resultado; y el demandante haya probado que la información de salida causó el daño. Estas presunciones se han establecido porque la Comisión considera que puede resultar muy difícil probar la causalidad por parte de los demandantes.

En palabras de Martín Casals (2023), estas presunciones se establecen para alcanzar un equilibrio entre la protección de la persona perjudicada y el fomento de la innovación para las empresas.

No obstante, se establecen una serie de precisiones en función del tipo de IA utilizada:

i. Sistemas de alto riesgo: no se presume el nexo cuando el demandado demuestre que el demandante podía acceder a pruebas y conocimientos especializados para probarlo.

ii. Sistemas que no sean de alto riesgo: solo se aplica la presunción de causalidad cuando el órgano jurisdiccional considere excesivamente difícil para el demandante demostrar el nexo.

Es decir, Martí Grau (2023) indica que mientras en los sistemas de alto riesgo la regla general será la aplicación de la presunción de causalidad, en los que no sean de alto riesgo se aplicará solo excepcionalmente (Martí Grau, 2023). Este autor denuncia que esta distinción no resulta del todo adecuada, ya que la entidad de los daños no va a depender del tipo de IA utilizada. Es decir, que los sistemas que no sean de alto riesgo puede generar daños más graves.

Igualmente, respecto al encaje de este sistema de presunciones en el ordenamiento jurídico español, se considera que es coherente con el régimen subjetivo de responsabilidad civil del artículo 1902 CC pero simplificada. Es más, "la mera acreditación de la culpa del demandado, por sí sola, ya tiene que evidenciar la causalidad con respecto a la producción o no producción de información en el sistema de IA".

4. EXCEPCIONES A LA RESPONSABILIDAD DEL CONTRATISTA

4.1. Cumplimiento de una orden inmediata y directa de la Administración

Frente a la definición de responsabilidad de los contratistas, el artículo 196.2 de la LCSP establece un matiz fundamental. Los contratistas no responden en dos supuestos:

i. Cuando los daños y perjuicios hayan sido ocasionados como consecuencia una orden inmediata y directa de la Administración.

ii. Cuando los daños sean causados como consecuencia de los vicios del proyecto elaborado por la Administración en el contrato de obras o en el de suministro de fabricación.

En los contratos de servicios como el que nos ocupa, solo aplicará la primera causa de exoneración. Cuando el daño haya sido causado por una orden directa e inmediata de la Administración, ésta responderá conforme al régimen previsto en la Ley 40/2015.

Esta causa se incluye en la LCSP porque la Administración conserva durante la ejecución del contrato importantes prerrogativas. Por ello, tal y como indica Casares (2013), las partes no están en un plano de igualdad absoluta. Dado que el contratista debe someterse a sus órdenes, resulta lógico que no deba responder de los daños causados cuando éstos son consecuencia de una orden directa.

Además, deberá probarse el nexo de causalidad entre la actuación del contratista y el daño causado. Así, Mestre (2011) indica que la orden debe estar "encaminada directamente —o como consecuencia necesaria— a la consecución de un objetivo determinado —lesivo, que no permita al concesionario la ejecución de dicha orden sin producir el resultado lesivo". En caso contrario, el obligado a indemnizar los daños será el contratista de la Administración.

De hecho, es posible que, ante la falta de conocimientos técnicos, la Administración le pida al contratista que alcance un determinado resultado, por ejemplo, elaborar un mapa de delincuencia. Si en la elaboración del mapa de delincuencia, por ejemplo, el contratista emplea datos discriminatorios, la Administración no debería responder. En cambio, si la Administración solicitara al contratista que elaborase un mapa de delincuencia con un resultado determinado y discriminatorio —además de resultar contrario a los principios que rigen su actuación—, la Administración debería responder frente a los administrados.

4.2. Incumplimiento de la Administración de sus deberes de policía e inspección

La Administración Pública, además de las prerrogativas de dar órdenes a los contratistas, conserva un poder-deber de policía y vigilancia sobre sus contratistas. Estos poderes de inspección plantean el interrogante de la posible imputación a la Administración Pública de los perjuicios ocasionados por su incorrecto ejercicio.

Es decir, dado que la Administración ostenta un deber de diligencia superior a los contratistas, ésta deberá vigilar en todo momento que se respetan los derechos fundamentales, así como otras garantías inherentes a la actividad administrativa. Casares (2013) manifiesta que, si la Administración no ejerce adecuadamente estas labores de policía, está contribuyendo "de manera decisiva" a causar los daños que puedan derivarse para terceros.

Entre otras, destaca la Sentencia del Tribunal Supremo de 14 de diciembre de 2006, que se refiere a su doctrina anterior y reconoce que[9]:

> "[...] el régimen de responsabilidad que surge en el seno de la relación nacida por virtud del contrato de ejecución de una obra pública en modo alguno permite a la Administración, titular de la misma, exonerarse de la responsabilidad exigida por los perjudicados por un hecho dañoso [...] con fundamento, consiguientemente, en la culpa *in omittendo, in vigilando* e *in eligendo* de los implicados, sin que puedan eludirse, para zafarse de esa responsabilidad, las patentes funciones de dirección, control, vigilancia e inspección de los trabajos y obras de construcción de las carreteras estatales que incumbe a la Administración de Estado [...]"

---

9 Sentencia de la Sala de lo Contencioso-Administrativo del Tribunal Supremo 7788/2006, de 14 de diciembre. TOL1.022.979.

La doctrina ha admitido de forma pacífica que la Administración se convierte en garante de los daños causados por los contratistas cuando no ha ejercido suficientemente sus labores de policía e inspección que, de haber sido ejercidas, hubieran evitado la producción del daño. Ahora bien, los autores excluyen la *culpa in vigilando* cuando existe un incumplimiento contractual por parte del contratista o de no recepción por la Administración ante el mal estado de la prestación (Gallego Córcoles, 2008).

Este título de imputación existirá en la medida en que todo o parte de los daños puedan imputarse a la Administración y, además, debe ser interpretado de forma restrictiva. En este sentido, la Sentencia de la Audiencia Nacional de 15 de diciembre de 2010 sostiene que el deber de vigilancia "no puede exceder de lo razonablemente exigible, lo que desde luego no puede serlo una vigilancia tan intensa y puntual que sin mediar prácticamente lapso de tiempo apreciable cuide de que el tráfico sea libre y expedito"[10].

Por tanto, la culpa *in vigilando* no servirá como regla general para que los contratistas de la Administración se desentiendan de sus obligaciones. La regla general seguirá siendo que los contratistas responden por los daños causados, y solo en aquellos supuestos en los que la entidad contratante haya vulnerado flagrantemente sus deberes de policía e inspección, podrá existir una responsabilidad concurrente o exclusiva de la Administración.

Tal y como pone de manifiesto Casares (2013), no tiene sentido que el modo de gestión de un servicio público pueda implicar la exoneración de la Administración en los daños causados a los administrados.

---

10 Sentencia de la Sala de lo Contencioso-Administrativo de la Audiencia Nacional de 15 de diciembre de 2010. TOL2.007.719.

Nos encontramos, por tanto, ante una culpa *in vigilando*. Por otra parte, resulta destacable el análisis que hace la jurisprudencia de la relación de causalidad cuando nos encontramos ante una omisión de la Administración que ha provocado un daño. Cuando estamos ante una acción de la Administración, basta que la lesión sea lógicamente consecuencia de aquélla. En cambio, tratándose de una omisión de la Administración, no es suficiente una conexión lógica para establecer la relación de causalidad: de lo contrario, toda lesión que sufriera un particular sin que la Administración hubiera hecho nada por evitarla sería imputable a la propia Administración.

Esta tesis nos conduciría a un absurdo. En palabras del Tribunal Supremo, "la mera causalidad lógica se detiene allí donde el sentido de las normas reguladoras de un determinado sector impiden objetivamente reprochar a la Administración el resultado lesivo padecido por un particular"[11].

Es decir, los administrados y operadores del mercado tienen una influencia decisiva en determinados daños que no tiene por qué acabar soportando la Administración por el mero hecho de tener encomendados determinados fines públicos al amparo del artículo 103 de la Constitución Española.

Las facultades de supervisión no se extienden a todos los fines que la Administración tiene encomendados en virtud de este precepto. Si así fuera, tal y como sostiene el Tribunal Supremo de forma gráfica, su responsabilidad "podría alcanzar una expansión gigantesca si se admitiera que nace en todos aquellos casos en que [...] no cumple con eficacia los fines que le señala el ordenamiento jurídico"[12].

---

11 Sentencia de la Sala de lo Contencioso-Administrativo del Tribunal Supremo 7071/2010, de 9 de diciembre de 2010. TOL2.018.604

12 Sentencia de la Sala de lo Contencioso-Administrativo Tribunal Supremo 1704/1993, de 17 de marzo de 1993. TOL1.683.617

Es necesario que haya algún otro dato en virtud del cual quepa objetivamente imputar la lesión a dicho comportamiento omisivo de la Administración. Y ese dato que permite hacer la imputación objetiva sólo puede ser la existencia de un deber jurídico de actuar[13].

Una de los supuestos donde mejor se aprecia esta omisión del deber jurídico de actuar es en los supuestos de fallecimiento de presos en instituciones penitenciarias. La jurisprudencia exige que concurra algún "elemento de anormalidad" para establecer un nexo de causalidad entre la omisión administrativa y el fallecimiento, y determinar con ello el carácter antijurídico del daño producido, aun cuando hayan intervenido terceros en la producción del resultado dañoso[14].

En el ámbito de los algoritmos y de la contratación de servicios de IA, la Administración deberá velar por que los servicios contratados sean plenamente respetuosos con el ordenamiento jurídico y con los derechos fundamentales de los ciudadanos. Además, la Administración deberá cumplir con todas las exigencias de la Directiva de responsabilidad anteriormente mencionada.

Estas premisas deberán establecerse debidamente en el expediente de contratación y se deberán reforzar las exigencias en materia de transparencia y rendición de cuentas para que, llegado el caso, puedan disiparse todas las dudas relativas al título de imputación. Si se consigue probar que el daño ha sido causa de una falta de previsión de la Administración o, por ejemplo, de una inadecuada revisión de los resultados analiza-

---

13 Sentencia de la Sala de lo Contencioso-Administrativo del Tribunal Supremo 6666/2009, de 10 de noviembre de 2009. TOL1.726.502

14 Sentencia de la Sala de lo Contencioso-Administrativo del Tribunal Supremo 2500/2000, de 28 de marzo de 2000. TOL43.522

dos por la solución de la IA, la Administración podría responder conjuntamente con el contratista.

Debemos tener en cuenta que los principios y exigencias impuestos por la Ley 40/2015 no son extensibles al ciudadano medio ni a las empresas del sector tecnológico que, eventualmente, le puedan prestar servicios a la Administración. Se trata de unos estándares más elevados, que atienden a la posición de garante de la Administración Pública.

Por ello, en sus relaciones privadas, no se sujetan a estos principios. En sus relaciones con el sector público, deberá ser la entidad contratante, en el expediente de contratación, la que concrete cuáles deben ser los requisitos del sistema o servicio que va a prestar esa entidad privada.

5. RECOMENDACIONES A INCLUIR EN EL EXPEDIENTE DE CONTRATACIÓN PARA MITIGAR, EN LA MEDIDA DE LO POSIBLE, LA RESPONSABILIDAD PATRIMONIAL DE LA ADMINISTRACIÓN

Llegados a este punto, es evidente que una adecuada configuración del Pliego y del contrato disipará muchas de las dudas que suscita la compra de soluciones basadas en IA y de servicios que se basen en esta tecnología. Por eso, hemos considerado necesario añadir un punto relativo a las recomendaciones a las Administraciones Públicas que vayan a licitar este tipo de servicios.

Una de las entidades pioneras en la implementación de soluciones de IA es el Foro Económico Mundial. El objetivo de esta institución es establecer una colaboración a nivel mundial y que todos los actores, públicos y privados, se beneficien de las ventajas de las nuevas tecnologías.

Por ello, el Foro Económico Mundial ha publicado una Guía para la Compra de IA para disminuir los riesgos de implementar esta tecnología avanzada (traducción de Peiró Baquedano, 2020):

i. Las Administraciones no tiene por qué concretar soluciones específicas, sino que deben limitarse a describir qué necesidades pretenden cubrir con esta tecnología.

ii. El Foro Económico Mundial propone que se recurra a la Compra Pública de Innovación, un tipo de contrato en el que se describe el problema a resolver en vez de determinar la solución. De esta manera, el proveedor dispondrá de margen para proponer soluciones innovadoras. Existen dos instrumentos a través de los cuales la Administración puede arbitrar la Compra Pública Innovadora: (*i*) la Compra Pública Precomercial; y (*ii*) la Asociación para la Innovación, que no van a ser objeto de desarrollo por exceder del objeto de esta investigación.

iii. A nivel de responsabilidad, interesa subrayar que las ventajas que otorga este tipo de compra es que la Administración no incurrirá en ambigüedades al definir el objeto del contrato ni al determinar qué va a licitar, sino que serán los técnicos los que identifiquen qué tipo de soluciones se ajustan a las demandas del sector público.

iv. Con carácter general, la Administración debe elaborar un informe de necesidad en el que se justifica la idoneidad y necesidad del contrato. En el caso de que se abogue por contratar servicios tecnológicos, la Administración debe justificar la conveniencia y utilidad de emplear las soluciones basadas en IA. En este informe también debería evaluar los riesgos, en los que ponga de manifiesto qué peligros entraña el servicio o suministro que se va a licitar.

v. Para mitigar las posibles responsabilidades a las que pueda quedar afecta, el Foro Económico Mundial apuesta por dos actuaciones:

   a. Contar con un equipo técnico en la elaboración del informe de necesidad.

   b. Realizar consultas preliminares de mercado[15]. El Foro Económico mundial recomienda que, si durante el proceso de licitación surge otra opción que no implique el uso de IA, esta deberá ser la opción elegida.

vi. En este informe se incorporarán igualmente los posibles desviaciones y sesgos del sistema de IA. En cualquier caso, se debería contar un equipo de evaluación de los riesgos durante toda la ejecución del contrato, no solo en fase de licitación.

vii. Las Administraciones deberán coordinarse entre ellas para que la IA se encuentre en armonía con las políticas existentes. Así, se fomentará la contratación estratégica y las economías de escala.

---

15 Las consultas preliminares de mercado están reguladas en el artículo 115 de la LCSP. Se trata de consultas dirigidas a los operadores económicos que están activos en el mismo con la finalidad de preparar correctamente la licitación e informar a los operadores económicos acerca de sus planes y de los requisitos que exigirán para concurrir al procedimiento. Para ello los órganos de contratación podrán valerse del asesoramiento de terceros, que podrán ser expertos o autoridades independientes, colegios profesionales, o, incluso, con carácter excepcional operadores económicos activos en el mercado. Antes de iniciarse la consulta, el órgano de contratación publicará en el perfil de contratante ubicado en la Plataforma de contratación del Sector Público o servicio de información equivalente a nivel autonómico, el objeto de la misma, cuando se iniciara esta y las denominaciones de los terceros que vayan a participar en la consulta, a efectos de que puedan tener acceso y posibilidad de realizar aportaciones todos los posibles interesados. Asimismo en el perfil del contratante se publicarán las razones que motiven la elección de los asesores externos que resulten seleccionados.

viii. El Foro Económico Mundial recomienda que se incorporen normas y códigos de práctica relevantes en los documentos de licitación para asegurar que se cumplen los estándares existentes en el sector público.

ix. Las Administración deberá asegurar la interoperabilidad y la posibilidad de acceder a los datos (salvo que el objeto del contrato incluya, igualmente, el tratamiento de datos). En relación con los datos, el Foro Económico Mundial realiza tres precisiones:

   a. No todos los datos requieren de la misma protección, ya que los no confidenciales y los datos abiertos no necesitan tantas garantías.

   b. Los datos deben cumplir criterios de equidad e imparcialidad.

   c. La Administración debe evaluar previamente las posibles limitaciones de los datos (tanto a nivel de representatividad, procedencia, claridad, integridad y precisión).

x. Igualmente, dado que se requiere de un equipo multidisciplinar, amplio y diverso, sería conveniente prever en los pliegos la posibilidad de subcontratar determinadas prestaciones del contrato.

xi. Entre las obligaciones del contratista, debe constar expresamente la transparencia y rendición de cuentas. Una manera de lograrlo, dentro de las limitaciones de la propia tecnología, es la de requerir en los documentos de licitación que los algoritmos sean transparentes y comprensibles. Tal y como apunta el Foro Económico Mundial, las Administraciones deben encontrar el equilibrio entre la precisión y la transparencia, especialmente en temas de interés social.

xii. Entre las prescripciones técnicas del contrato, deberá preverse la necesidad de que las soluciones basadas en IA sean interoperables y de licencia abierta, para evitar que la Administración dependa exclusivamente de un solo proveedor (lo que se conoce como *vendor lock-in*). Más bien al contrario, el sector público puede favorecer la participación de Pymes innovadoras y *startups* que desarrollen soluciones basadas en IA.

En definitiva, una adecuada configuración de los Pliegos, que son ley del contrato, evita que las Administraciones se enfrenten a posibles responsabilidades fruto del desconocimiento o de su incapacidad técnica. Para delimitar la responsabilidad patrimonial de la Administración, como hemos visto, es necesario controlar los potenciales riesgos sin perder las oportunidades que brinda el desarrollo de la IA.

CAPÍTULO 2.

La responsabilidad patrimonial de la Administración: la inadecuación de la responsabilidad objetiva

1. ÁMBITO OBJETIVO DE APLICACIÓN DE LA RESPONSABILIDAD PATRIMONIAL DE LA ADMINISTRACIÓN

A continuación, se desarrolla el régimen de responsabilidad patrimonial de la Administración previsto en la Ley 40/2015. La adecuada configuración del contrato de servicios o suministros permite que la Administración no sea la principal obligada frente a los administrados, de manera que las arcas públicas no se vean perjudicadas por el uso de la tecnología en el sector público. Por tanto, lo más habitual no será que responda la Administración. Ésta responderá en los siguientes supuestos:

i. En primer lugar, cuando el sector público gestione de forma directa la implementación de las soluciones basadas en IA. Se trata de un escenario improbable —no imposible— en la actualidad. La Administración se encuentra en una fase muy temprana de uso de nuevas tecnologías, por lo que necesariamente deberá recurrir a terceros para llevar a cabo esta misión. Esta externalización supone que tendrá que iniciar un expediente de contratación, con las características desarrolladas en el punto anterior. La adecuada configuración del expediente de contratación minorará los riesgos del uso de la tecnología, en la medida en que podrá apoyarse en el conocimiento de los técnicos y de equipos multidisciplinares que apoyen a la Administración en esta tarea.

Además, consideramos que el recurso a la contratación pública dota al sector público y a los administrados de importantes ventajas desde la perspectiva de la seguridad jurídica. Este recurso evita o minimiza la causación de daños por desconocimiento técnico.

No obstante, no es descabellado pensar que, a largo plazo, la Administración contará (*i*) con los datos suficientes y (*ii*) con las herramientas técnicas necesarias para poder gestionar de forma directa este tipo de servicios.

ii. En segundo lugar, aunque opte por la gestión indirecta, existe la posibilidad de que surja la responsabilidad patrimonial de la Administración en dos supuestos:

   a. Cuando los daños a los administrados provengan de la definición de los Pliegos o del objeto del contrato, por ejemplo, cuando el objeto del contrato sea discriminatorio *per se*, o cuando no responda adecuadamente a las necesidades que se pretenden cubrir.

   b. Cuando los daños causados por el contratista provengan de una orden directa e inmediata de la Administración, con las características expuestas en el apartado anterior.

En cualquier caso, las cuestiones sobre la responsabilidad patrimonial de la Administración se proyectan sobre la toma de decisiones discrecionales. En el caso de las potestades regladas, la responsabilidad se deriva de forma automática porque no existe margen de interpretación. Por ejemplo, un supuesto de potestad reglada la expedición de un certificado de empadronamiento. En este caso, la Ley determina previamente cuáles son los documentos que tiene que presentar el administrado, así como los criterios de expedición del certificado. Si el administrado reúne los requisitos previstos legalmente y el algoritmo no emite el certificado, es evidente que la falta de expedición se inserta en el funcionamiento anormal de la Administración y, por tanto, los perjuicios irrogados son indemnizables (Alcolea Azcárraga, 2022).

Sin embargo, en las potestades discrecionales, la Administración dispone de un margen de decisión más amplio aunque, en cualquier caso, debe motivar sus decisiones. Por tanto, la prueba del daño y del supuesto funcionamiento anormal se complica. Determinemos, por tanto, cuál debería ser el régimen de responsabilidad en estos casos.

2. EL RÉGIMEN ACTUAL DE RESPONSABILIDAD PATRIMONIAL DE LA ADMINISTRACIÓN

2.1. Caracteres del régimen de responsabilidad patrimonial de la Administración

El sistema español de responsabilidad es un sistema generoso, aunque también inseguro, porque pivota sobre conceptos jurídicos indeterminados que, en definitiva, quedan en manos de la interpretación del juzgador. La responsabilidad patrimonial de la Administración en la actualidad es directa, objetiva y total. Veamos, pues, en qué consisten estas características y cómo se materializan en el objeto de esta investigación.

El hecho de que la responsabilidad sea directa implica que los particulares pueden ejercer la acción de responsabilidad directamente frente a la Administración Pública. La Administración no responde subsidiariamente del funcionario que causa el daño. De hecho, la norma no exige ni siquiera identificar al funcionario, en tanto que el acto está atribuido a un órgano administrativo concreto. Esta atribución elimina los problemas relativos a la imputación de la autoría.

El artículo 9.3 de la Constitución Española utiliza la expresión poderes públicos en sentido amplio, por lo que abarca tanto a los funcionarios públicos como a las Administraciones públicas. *A priori*, todos ellos deberían responder civilmente por los daños que causen. Sin embargo, el artículo 106.2 de la Constitución no concreta quién debe responder, sino que se limita a establecer que los particulares en los términos establecidos por la ley, tendrán derecho a ser indemnizados por toda lesión que sufran en cualquiera de sus bienes y derechos como consecuencia del funcionamiento de los poderes públicos. En vista de estos preceptos, el legislador debería disponer de un amplio margen para regular la responsabilidad patrimonial de la Administración y podría optar por que respondiera el agente que ha causado el daño, el órgano al que pertenece, los dos de forma mancomunada, ambos de forma solidaria, etc. (Doménech Pascual, 2010).

La Ley 40/2015 ha optado por que respondan las Administraciones Públicas. Dado que la solvencia de los agentes públicos suele ser muy inferior a la del Estado, Doménech considera que la responsabilidad vicaria es preferible a la responsabilidad personal. Además, es mucho más práctico dirigirse a la Administración que ha causado el daño, ya que la identificación de los responsables y la obtención de una indemnización por su parte podría desincentivar a los administrados de interponer reclamaciones de responsabilidad patrimonial (Doménech Pascual 2010).

Por otra parte, debemos poner de manifiesto que los agentes públicos tienen más aversión al riesgo que la Administración. En un mundo donde la tecnología entraña riesgos elevados, la responsabilidad vicaria es más preferible porque supone un reparto del riesgo (100% para la Administración y 0% para los agentes públicos) más próxima a la distribución óptima (la mayor parte para la Administración y la menor para los agentes públicos) que la que representa la responsabilidad personal (0% para la Administración y 100% para los agentes públicos).

Esta distribución del riesgo también es más beneficiosa para el interés general ya que, si los agentes públicos asumieran responsabilidad personal en sus funciones, podrían actuar de forma tan cautelosa que perderían de vista los fines públicos que persiguen con su actuación. Además, nadie estaría dispuesto a ocupar un puesto en el sector público, salvo que su retribución incluyera un *plus* por responsabilidad. En cualquier caso, resulta más económico para la Administración asumir la responsabilidad por las actuaciones de sus agentes que incrementar las retribuciones hasta ese punto (Doménech Pascual, 2010).

Cuando un agente público emita un acto administrativo basado en una decisión automatizada o emplee IA o algoritmos, la Administración deberá responder directamente por los daños causados. En el caso del empleo de algoritmos e IA por el sector público, concurren todas las condiciones por las que resulta preferible la responsabilidad vicaria frente a la responsabilidad personal (Doménech Pascual, 2010):

i. Los agentes públicos carecen de patrimonio para responder por los daños que puede ocasionar las decisiones automatizadas. La Administración normalmente podrá responder con solvencia a estas reclamaciones.

ii. Si la responsabilidad fuera personal, la contratación de los agentes públicos que fueran a adoptar decisiones automatizadas sería extremadamente complicada. Además, habría que aprobar una reforma legislativa para aprobar un nuevo sistema retributivo.

iii. Los agentes públicos son más aversos al riesgo que las Administraciones Públicas. Por tanto, aunque existan decisiones que se puedan adoptar de forma automatizada o procedimientos en los que se pueda implementar algún tipo de tecnología, preferirían evitarlo para no quedar expuestos a los peligros que entrañan.

Por lo expuesto, la solución óptima en el caso que nos ocupa será que, como norma general, la Administración responda directamente. Como veíamos, la responsabilidad vicaria establece una distribución del riesgo que es más óptima y más eficiente que la responsabilidad personal de los agentes públicos. Además, las Administraciones pueden observar, dirigir y controlar la actividad que realizan sus agentes en el ejercicio de sus cargos. Sin embargo, Doménech realiza una distinción interesante (Doménech, 2010, (2).

i. Los órganos superiores de las Administraciones pueden controlar las acciones de sus agentes. Para ello disponen de potestades, como la de dirigirles instrucciones, sancionarles, etc.

ii. Los agentes que ocupan los escalones inferiores forman grupos homogéneos, lo que permite mantener en unos costes relativamente bajos los costes de control.

iii. Sin embargo, los órganos superiores de las Administraciones Públicas no están sujetas a controles jerárquicos. Esto no significa que carezcan de incentivos para prevenir daños que puedan causar la Administración que gobiernan. Estas autoridades, de hecho, están sometidas al control de la ciudadanía, que se ejerce periódicamente a través del sufragio. Por tanto, las reclamaciones de responsabilidad patrimonial de las que deban responder estas Administraciones suponen una minoración de las cantidades que puedan invertir en proyectos más vistosos para el proyecto político de que se trate. Por tanto, la responsabilidad vicaria también tiene en estos casos una función preventiva.

Esta característica plantea un importante reto a las Administración Públicas, ya que, como hemos visto, tendrán que desarrollar programas personalizados de control tanto a las autoridades que gobiernan las Administraciones como a sus agentes públicos. El control deberá ir dirigido a prevenir los daños que puede causar la toma de decisiones automatizadas o la utilización de la tecnología de manera que pueda causar daños.

Este control debería consistir en un método de la supervisión humana cualificada de cualquier decisión basada en la IA. Se debe introducir necesariamente este elemento de control para que confirme que la decisión tomada por el sistema es correcta y que no limita derechos y libertades de los interesados.

Es más, la imprevisibilidad y falta de trazabilidad de la IA en el sector público aconseja que la Administración adopte todas las cautelas necesarias para evitar responder por daños que a día de hoy no son ni siquiera previsibles. En este sentido, se desarrollará más adelante la responsabilidad de la Administración por riesgos desconocidos.

Por otro lado, la responsabilidad de la Administración es, en teoría, objetiva, aunque esta afirmación debe ser matizada especialmente en el caso de la IA, como veremos en el siguiente apartado. Inicialmente, se consideró que la responsabilidad de la Administración era objetiva. Esta afirmación es discutible. Durante muchos años, se empleó la expresión responsabilidad objetiva para distinguirla del funcionamiento de la responsabilidad en el ámbito privado (Mir Puigpelat, 2008).

Se dice que la responsabilidad es objetiva porque, por ejemplo, la Administración de justicia indemniza a los justiciables por el mero hecho de que se les cause un daño, aunque no haya una actuación ilícita o culpable. También se ha afirmado que la responsabilidad es objetiva porque "no es necesaria la concurrencia de dolo o culpa en el agente"[1]. No obstante, existe un sector doctrinal, con el que coincidimos, que afirma que la objetividad no se predica de la infracción subjetiva de

---

1 Sentencia de la Sala de lo Contencioso-Administrativo del Tribunal Supremo 3320/2004, de 17 de mayo TOL43.522.

un deber del funcionario, sino que basta que se acredite que ha existido una deficiencia (Leguina Villa, 2007).

Es decir, para que pueda hablarse de responsabilidad por culpa no es necesario que haya un juez, autoridad o agente público "al que se le pueda reprochar una actuación negligente o ilícita, sino que la organización o el servicio públicos hayan funcionado de manera anormal, irregular, que no se hayan adoptado las debidas medidas de precaución dirigidas a evitar el daño" (Doménech Pascual, 2010 (2).

Por otra parte, la responsabilidad de la Administración no siempre es objetiva. Existen numerosos autores discrepantes sobre este régimen, como veremos a continuación, ya que no resulta sostenible desde un punto de vista jurisprudencial —ni económico—.

De hecho, el Tribunal Supremo suele exigir la concurrencia de algún tipo de negligencia para imputar la responsabilidad a la Administración. Es decir, la regla general ha acabado siendo la contraria a la que promulga la Ley 40/2015 y, en la práctica, la Administración solo responde cuando ha actuado con culpa o negligencia, esto es, cuando el servicio público ha funcionado de manera anormal. Esta regla se invierte cuando estamos ante un acto administrativo ilegal. En estos supuestos, sí que aplicaría la responsabilidad objetiva de la Administración –aunque incluso en estos casos, existen Sentencias en los que se exige la prueba de la falta de diligencia de la Administración-.

A continuación, se examinan las líneas doctrinales y jurisprudenciales existentes y, posteriormente, se aplicará este régimen al uso de algoritmos por la Administración Pública.

3. EL RÉGIMEN DE RESPONSABILIDAD PATRIMONIAL OBJETIVA DESDE EL PUNTO DE VISTA DE LA JURISPRUDENCIA

Desde la promulgación de la Ley de 16 de diciembre de 1954 sobre expropiación forzosa, la doctrina y los tribunales han afirmado que la responsabilidad de la Administración es objetiva. Sin embargo, si se analizan pormenorizadamente los pronunciamientos judiciales sobre este tema, se advierte que las consecuencias que aplican los tribunales no son las que se corresponden con un régimen de responsabilidad objetiva, sino que solo declaran el deber de indemnizar cuando, *de facto*, ha existido un funcionamiento anormal del servicio público (Doménech Pascual, 2010). La incoherencia de estos pronunciamientos radica en que, por un lado los Tribunales afirman que las Administraciones responden de forma objetiva pero, por otro, resuelven los casos exigiendo una actuación negligente.

Uno de los ámbitos en el que se pone de manifiesto esta doctrina es en el ámbito sanitario. Los jueces reconducen la responsabilidad a aquellos supuestos en los que no se ha respetado la *lex artis* como canon de diligencia o a la falta de consentimiento informado.

Así lo reconoce el Tribunal Supremo en la Sentencia de 14 de octubre de 2002, en la que se reconoce que[2]:

> "Aunque en el instituto de la responsabilidad patrimonial de la Administración sanitaria tiene una importancia secundaria si la actuación del servicio médico ha sido correcta o incorrecta, lo cierto es que tal apreciación permite, en primer lugar, determinar con alto grado de certeza la relación de causalidad y, en segundo lugar, concluir si el perjuicio sufrido por el paciente

---

2 Sentencia de la Sala de lo Contencioso-Administrativo del Tribunal Supremo 6703/2002, de 14 de octubre TOL240.461.

> es o no antijurídico, es decir si éste tiene o no el deber jurídico de soportarlo, ya que según la jurisprudencia tradicional, no son indemnizables "los daños que se deriven de hechos o circunstancias que no se hubiesen podido prever o evitar según el estado de los conocimientos de la ciencia o de la técnica existente en el momento de producción de aquéllos".

También aluden a la desproporcionalidad del daño en relación con lo que cabía esperar de la clase de intervención. La responsabilidad por daño desproporcionado, también conocida como *res ipsa loquitur* significa que el profesional médico debe responder de un resultado desproporcionado del que se desprenda la culpabilidad del mismo, "a no ser que pruebe cumplidamente que la causa ha estado fuera de su esfera de actuación"[3].

Todas estas circunstancias ponen de manifiesto que nos encontramos ante un problema de coherencia del sistema ya que, por un lado, se afirma que es universal y objetivo y, por otro, se aplica de forma restrictiva y dispar por parte de los jueces y tribunales.

---

[3] La teoría res ipsa loquitur se desarrolló ante la dificultad probatoria de un daño. La clave para distinguir esta teoría de otras es que en ésta se desconoce cómo se ha producido el daño. La doctrina del res ipsa trata de imponer un resultado de justicia material por encima de las reglas procesales de la carga de la prueba. En aplicación de esta teoría, el juez puede exigir al demandado, no por el capricho de invertir la carga de la prueba, sino porque tiene un conocimiento mayor de lo sucedido, la aportación de pruebas al proceso. Esta es la lógica del res ipse, evitar que el demandado, "que ya de por sí tiene un control de los hechos, pueda hacer dejadez, encogerse de hombros y esperar a que la reclamación se archive por falta de pruebas, porque no se olvide que la condena a indemnizar corre el riesgo de convertirse en el mayor incentivo para dejar de aportar pruebas al proceso", en BAUZA MARTORELL, F.J. "Presunción de culpa, la deducción de negligencia en la responsabilidad patrimonial de la Administración", en Revista de Administración Pública, n.º 201, Madrid, pp. 373-411.

En consecuencia, la responsabilidad patrimonial debe redefinirse y, además de suprimir el funcionamiento anormal como título de imputación, debería precisarse el concepto de funcionamiento anormal, máxime en un escenario de inseguridad jurídica de adopción de decisiones basadas en IA.

Esta regla general cede cuando estamos ante reglamentos o actos administrativos contrarios al ordenamiento jurídico. La jurisprudencia considera en estos casos que la ilegalidad del acto dañoso constituye motivo suficiente para que se dé la responsabilidad patrimonial de la Administración. Tal y como apunta Doménech, "los daños ocasionados por actos ilegales se estiman inexorablemente antijurídicos y, por lo tanto, indemnizables, ya que las víctimas no tienen obligación de soportarlos" (Doménech Pascual, 2010, 2). A este respecto, existen numerosos pronunciamientos judiciales que apoyan esta tesis, entre otras:

i. La Sentencia del Tribunal Supremo de 1 de octubre de 1997 condenó a la Administración a indemnizar al administrado por los gastos de los avales aportados para conseguir la suspensión de la ejecución de varias liquidaciones tributarias. El Tribunal consideró que los contribuyentes no estaban obligados a pagar los tributos ni a incurrir en gastos derivados de los mismos si la liquidación tributaria se anulaba. Es decir, que el "contribuyente no [estaba] obligado jurídicamente, ni a ingresar, ni avalar, por lo que es incuestionable que ha experimentado un daño o lesión económica de la cual debe ser indemnizado"[4].

ii. La Sentencia del Tribunal Supremo de 8 de junio de 2000, declaró la responsabilidad patrimonial del Estado por los ingresos dejados de percibir por el Municipio de

---

4 Sentencia de la Sala de lo Contencioso-Administrativo del Tribunal Supremo 5792/1997, de 1 de octubre (TOL293.242).

Trillo como consecuencia de la aplicación de un precepto reglamentario ilegal relativo a la distribución de la cuota de un impuesto a las centrales nucleares. El razonamiento del Tribunal Supremo es que la Administración del Estado privó a este municipio de percibir estos ingresos, "mediante una actuación no conforme a Derecho". Por tanto, existe obligación de indemnizar ya que "no existe duda de su antijuridicidad ni de la relación de causalidad entre el actuar de la Administración y el resultado dañoso producido"[5].

iii. Las Sentencia del Tribunal Supremo de 22 de diciembre de 2000 declara la responsabilidad patrimonial de la Administración por la denegación indebida de una licencia de obras[6].

En todas ellas, la *ratio decidendi* es la legalidad o la ilegalidad del acto administrativo. Cuando el Tribunal concluye que el acto ha sido ilegal, surge la responsabilidad de la Administración.

Esta postura se ha trasladado a disposiciones normativas sectoriales, en las que se exige únicamente la ilegalidad del acto administrativo para que tenga lugar la indemnización de los

---

5 Sentencia de la Sala de lo Contencioso-Administrativo del Tribunal Supremo 4690/2000, de 8 de junio (TOL1.716.479).

6 Sentencia de la Sala de lo Contencioso-Administrativo del Tribunal Supremo 9561/2000, de 22 de diciembre (TOL1.713.114). En esta Sentencia, el Alto Tribunal interpreta que: Entendemos que si de lo que se trata es de indemnizar por los perjuicios sufridos por la denegación indebida de la licencia, los intereses deberán gravitar no sólo sobre el capital del inmueble adquirido, sino sobre la totalidad de los gastos que la sentencia menciona pues todas esas cantidades han permanecido improductivas como consecuencia de la indebida denegación de la licencia. Lo que se indemniza es la paralización indebida de la licencia, y por eso, en la fijación de su importe han de computarse todas las cantidades gastadas y que no han podido generar beneficios".

daños y perjuicios irrogados. Por ejemplo, el artículo 16 del Reglamento de Servicios de las Corporaciones Locales establece que "podrán ser anuladas las licencias y restituidas las cosas al ser y estado primitivo cuando resultaren otorgadas erróneamente" y, en estos casos, la anulación implica "el resarcimiento de los daños y perjuicios que se causaren".

O, por ejemplo, el artículo 33.1 de la Ley 58/2003, de 17 de diciembre, General Tributaria, que establece que:

> "[...] la Administración tributaria reembolsará, previa acreditación de su importe, el coste de las garantías aportadas para suspender la ejecución de un acto o para aplazar o fraccionar el pago de una deuda si dicho acto o deuda es declarado improcedente por sentencia o resolución administrativa firme [...]".

No obstante, el Tribunal Supremo en ocasiones ha exigido que se trate de una ilegalidad cualificada, exigiendo que concurra también algún tipo de negligencia para considerar indemnizables los daños. La incoherencia del Tribunal es patente ya que, por un lado, afirma que es una responsabilidad objetiva pero, por otro, se refiere a la negligencia de la Administración y, en caso de que no concurra, no reconoce la responsabilidad del ente público (Doménech Pascual, 2010 (2).

Existen algunas Sentencias clásicas que así lo reconocen, entre otras, la Sentencia de 10 de junio de 1986, en la que la Provincial de Urbanismo de León denegó a la recurrente licencia para la construcción de un edificio de viviendas y locales comerciales en terrenos de su propiedad, por el motivo de que no quedaba clara la titularidad de éstos. El razonamiento del Tribunal Supremo al denegar la responsabilidad de la Administración resulta ilustrativo[7]:

---

7 Sentencia de la Sala de lo Contencioso-Administrativo del Tribunal Supremo 3220/1986, de 10 de junio (TOL2.320.584).

"Cuando la ilegalidad no es manifiesta, es susceptible [sic] la tesis de la exoneración de la responsabilidad patrimonial de la Administración [...] sin perjuicio de admitir [...] que toda denegación de una solicitud ocasiona siempre alguna clase de perjuicios al interesado, siendo susceptible por tanto de configurar el resultado dañoso en abstracto, no cabe por el contrario apreciar la antijuridicidad de la lesión, por la simple anulación del acuerdo adoptado en vía administrativa, cuando la sutileza de la ilegalidad sólo haya podido decantarse en la más alta instancia jurisprudencial, dato por sí solo revelador de la necesidad de destacar el carácter manifiesto de la torpeza de criterio denegatorio mantenido por la Administración local, máxime si como ocurre en materia de licencias municipales, la jurisprudencia abunda en la tesis liberatoria de la responsabilidad patrimonial, de no concurrir una flagrante desatención normativa, ausente en el marco de la compleja problemática urbanística contemplada en el recurso".

Esta jurisprudencia se consolidó a partir de la Sentencia del Tribunal Supremo de 5 de febrero de 1996, en la que la recurrente reclamaba al Consejo General de Colegios Oficiales de Farmacéuticos una indemnización de 60.852.477 pesetas por los daños que le había causado al denegarle ilegalmente la apertura de una farmacia por considerar, erróneamente, que no existía un núcleo separado de población, denegación que fue confirmada en primera instancia pero anulada en apelación. Lo llamativo de esta resolución es que, como en ocasiones anteriores, el Tribunal Supremo afirma que estamos ante una responsabilidad objetiva, pero resuelve el caso como si se tratase de una responsabilidad por culpa, y la rechaza porque no concurre culpa o negligencia.

De este pronunciamiento se extrae la siguiente conclusión: si la Administración ejerce potestades discrecionales o aplica normas en las que existen conceptos jurídicos indeterminados, "es necesario reconocer un determinado margen de apreciación a la Administración" (Doménech Pascual, 2010 (2).

Es decir, si las potestades se ejercen dentro de unos márgenes de tolerancia y con respeto a los elementos reglados que concurran, desaparece el carácter antijurídico de la lesión y, por tanto, faltaría uno de los requisitos exigidos con carácter general para que concurra la responsabilidad de la Administración. Por lo tanto, los particulares tienen el deber de soportar las consecuencias de ese margen de apreciación, siempre que se haya efectuado respetando los elementos reglados que, en su caso, puedan existir y, además, se motive adecuadamente.

4. EL RÉGIMEN DE RESPONSABILIDAD PATRIMONIAL OBJETIVA DESDE EL PUNTO DE VISTA DOCTRINAL

La objetividad de la responsabilidad patrimonial de la Administración no es una cuestión pacífica desde un punto de vista doctrinal. Inicialmente, el único autor que discutía la objetividad de la responsabilidad era Blasco Esteve, quien en su tesis puso de manifiesto que solo eran resarcibles aquellos daños causados por actos administrativos que incurriesen en ilegalidades "inexcusables" y que fueran constitutivas de un funcionamiento anormal de los servicios públicos. A juicio de este autor, las ilegalidades inexcusables se determinan en virtud de determinados criterios: si la irregularidad es evidente, si la irregularidad es grave, si existen recursos contra el acto ilegal, la complejidad u oscuridad de las normas y, especialmente, la materia. Existen materias en las que no es excusable ninguna ilegalidad, como los de derechos y libertades públicas (Blasco Esteve, 1985).

A juicio de algunos autores, la fórmula prevista en la Ley 40/2015 debe ser limitada (Mir Puigpelat, 2002):

i. En primer lugar, la responsabilidad patrimonial de la Administración se basó en sus inicios en las fórmulas de Derecho privado, donde la norma general era la responsabilidad por culpa. A juicio de Mir, las particularidades de la Administración Pública no justifican la objetivación de la responsabilidad llevada a cabo por el legislador y la jurisprudencia (Mir Puigpelat, 2002).

ii. Además, uno de los principales argumentos que justifican la responsabilidad objetiva es la creación de un riesgo especial, que no siempre concurre. La actuación de la Administración no siempre es fuente de riesgos especiales (Mir Puigpelat, 2002).

iii. Por otra parte, según Mir no es posible equiparar el interés público que preside la actuación de la Administración a la persecución del lucro por parte de los particulares. Es decir, las operaciones entre particulares se rigen normalmente por el ánimo de lucro. En el caso de la Administración, se ha llegado a afirmar que ese ánimo de lucro se equipara interés general que persigue con su actuación. Sin embargo, tanto Mir como Pantaleón han discutido esta teoría. Pantaleón sostiene que (Pantaleón Prieto, 1994):

"Muchos han considerado que el señalado principio debería conducir a que la responsabilidad sin culpa tuviera sus límites en las actividades de las Administraciones públicas y, en general, en todas aquellas no guiadas por una finalidad lucrativa [...] Lo que [yo] sí digo es que, a lo que se me alcanza, a nadie se le ocurrió sostener que lo sensato era precisamente lo contrario: que por las actividades sin ánimo de lucro se respondiera más objetivamente que por las lucrativas".

Pantaleón ejemplifica lo absurdo de la situación en los daños causados en el seno de una intervención quirúrgica. Si a una persona se le causan daños en una intervención y se trata de un hospital público, que actúa sin ánimo de lucro, responderá objetivamente. En cambio, si la intervención tiene lugar en un hospital privado, que persigue el lucro, solo responderá en caso de culpa.

iv. Mir también considera que no es posible equiparar el ánimo de lucro y la persecución del interés general (Mir Puigpelat, 2002). De hecho, en su opinión, el hecho de que la Administración pública busque el interés general con su actuación justificaría que tuviera una responsabilidad civil más limitada que la de los particulares, que no naciera ni siquiera cuando existiera la culpa. De hecho, objetivar su responsabilidad puede llegar a ser hasta contradictorio con la circunstancia de que persiga el interés general. En Francia, por ejemplo, el criterio del beneficio se utiliza para justificar algunos supuestos de responsabilidad objetiva pero no se extiende a todos los casos de responsabilidad patrimonial de la Administración.

v. Otra de las incoherencias de este régimen es que incluso el sujeto dañado también se beneficia de la actuación de la Administración Pública. Es decir, que el beneficio que se persigue con la actuación pública es superior al daño que pueden sufrir las potenciales víctimas. Esta es una diferencia fundamental con el régimen privado, ya que la Administración busca el interés de toda la colectividad (Mir Puigpelat, 2002).

vi. Finalmente, la Constitución no reconoce la responsabilidad objetiva global de la Administración. Algunos autores sostienen que el artículo 106.2 de la Constitución impone un régimen de responsabilidad objetiva y que cualquier modificación de este presupuesto exige una modificación de la Constitución (Beladiez Rojo, 1999, p. 234). No obstante, esto no es cierto. Si se compara la literalidad del artículo 106.2 de la Constitución (funcionamiento de los servicios públicos) con la de la Ley de Expropiación Forzosa (funcionamiento normal o anormal) se advierte que la Constitución no quiso optar por uno u otro régimen, sino que dejó abierta la fórmula para su posterior regulación por parte del legislador. Doménech refiere que el legislador dispone de una amplísima discrecionalidad para regular lo establecido en la Constitución (Doménech Pascual, 2010, 2).

vii. Según Mir, el hecho de que el constituyente se apartara de las fórmulas anteriores, previstas en el artículo 121 de la Ley de Expropiación Forzosa, demuestra su intención de separarse del régimen anterior. Si el constituyente hubiera querido establecer un régimen de responsabilidad objetiva, hubiera mantenido el tenor literal del precepto —o al menos su vocación—. Por otra parte, conviene tener en cuenta la vocación de generalidad del artículo 106.2 de la Constitución. Ello podría explicar que no mencione ni distinga el funcionamiento normal o anormal de la Administración, sino que ha dejado en manos del legislador la decisión de optar por un sistema de responsabilidad objetiva o un sistema de responsabilidad por culpa (Mir Puigpelat, 2002). El Tribunal Supremo también avala esta posición[8].

viii. Doménech considera que es posible interpretar la Ley 40/2015 "en clave culpabilística, bajo determinadas circunstancias". Es decir, existe un deber de soportar los daños ocasionados por la Administración cuando se ha empleado la diligencia debida (Doménech Pascual, 2002).

---

[8] En las Sentencias del Tribunal Supremo 661/1996, de 5 de febrero de 1996 (TOL5.146.769) y 1705/1999, de 11 de marzo de 1999 (TOL1.715.850) afirma: "el principio de responsabilidad patrimonial proclamado en el artículo 106 de la Constitución conlleva un derecho de los llamados de configuración legal. Es decir, que no se trata de un derecho que derive directamente de la Constitución, sino que exige la interposición de una Ley, y es exigible, no en los términos abstractos establecidos en la Constitución, sino en los términos concretos en que figure en la Ley ordinaria que lo regule, porque tras la primera coma del párrafo transcrito [el artículo 106.2 de la Constitución] se reconoce el derecho en los términos establecidos por la Ley".

ix. La doctrina se apoya en la existencia de un cierto margen de tolerancia. Es decir, si la potestad se ejercita dentro de márgenes razonados y razonables y con respeto a los elementos reglados que puedan concurrir, la lesión dejaría de ser antijurídica y, por tanto, no existiría responsabilidad patrimonial. Sin embargo, la cuestión del margen de tolerancia debe atender al tipo de acto jurídico que ha causado los daños. Doménech disiente de la doctrina sentada por la sentencia del Tribunal Supremo de 5 de febrero de 1996, según la cual se predica el canon de la culpa solo para los actos discrecionales o para aquellos actos en los que se han aplicado conceptos jurídicos indeterminados, pero no para los actos reglados. Este autor pone de manifiesto que es posible que cuando se ejercen potestades regladas también puede concurrir culpa o negligencia.

Pantaleón, en una revisión crítica del sistema de responsabilidad patrimonial de la Administración, considera que carece de sentido que la Administración responda de igual manera cuando el daño se causa por el funcionamiento normal o por el funcionamiento anormal de los servicios públicos (Pantaleón Prieto, 1994):

i. La responsabilidad por funcionamiento normal debe ser interpretado en conexión con el principio de igualdad ante las cargas públicas y, por tanto, debe restringirse a los daños cuasiexpropiatorios o de sacrificio. Estos daños serían consecuencia de determinadas actuaciones administrativas que llevan aparejado, naturalmente, un daño (indeseado). Por ejemplo, los daños a los colindantes cuando se ejecutan obras públicas.

   La responsabilidad por funcionamiento normal no cubriría los daños causados por accidentes, "en cuya etiología aparezca implicada, ciertamente, la actividad típica de una Administración pública, pero que no sean consecuencia de una medida finalmente dirigida a causar, ni connatural, intrínseca o inmediatamente generadora de los daños infligidos" (Pantaleón Prieto, 1994). En este sentido, el autor interpreta que la responsabilidad objetiva total no es sostenible económicamente ni en términos de justicia.

ii. La responsabilidad por funcionamiento anormal no se equipara a la culpa o negligencia. Los Tribunales deberán interpretar el "funcionamiento anormal" de forma casuística.

En definitiva, deberá prescindirse de la interpretación histórica y optar por una interpretación teleológica para limitar los "daños causados por un funcionamiento anormal" a los daños cuasiexpropiatorios (cuando afecten a bienes patrimoniales) o de sacrificio (cuando afecten a bienes de la personalidad). Por ello, las Administraciones responderán: (*i*) de forma objetiva, cuando estemos ante daños cuasiexpropiatorios o de sacrificio o cuando así lo establezca una ley especial; (*ii*) por el funcionamiento anormal de los servicios públicos, cuando se pruebe ese "funcionamiento anormal", que puede estar vinculado a la culpa o negligencia.

En síntesis, es evidente que la responsabilidad patrimonial de la Administración no tiene por qué ser objetiva, desde un punto de vista doctrinal. Ni la Constitución, ni la doctrina ni la jurisprudencia han establecido un régimen de responsabilidad objetiva sin matices y, el en caso de las actuaciones automatizadas, este régimen también debe ser revisado.

5. LA INADECUACIÓN DE LA RESPONSABILIDAD OBJETIVA A LOS USOS DE LA IA EN EL SECTOR PÚBLICO

Llegados a este punto, es evidente que la responsabilidad patrimonial de la Administración cuando toma decisiones automatizadas o emplee algoritmos que le guíen en su actuación no tiene por qué ser objetiva. En este ámbito, sería adecuado exigir algún tipo de culpa o negligencia o de funcionamiento anormal del servicio público. Si el algoritmo ha funcionado correctamente y, aun así, su resultado ha sido, por ejemplo, discriminatorio, ¿tendrá que responder la Administración?

Los Tribunales deben dar respuestas equitativas en función del área en el que se hayan producido los daños. Doménech reconoce que "es perfectamente lícito e incluso deseable que los Tribunales diversifiquen las soluciones jurisprudenciales en atención a las peculiares circunstancias de cada contexto, siempre dentro del marco de posibilidades que les ofrece la legislación vigente, que es amplísimo" (Doménech Pascual, 2010 (2). Esto es, las soluciones adoptadas para otros tipos de responsabilidad podrían no ser adecuadas en las decisiones basadas en la IA.

En el caso de anulación de una decisión administrativa automatizada, podría pensarse que la Administración no ha actuado con la diligencia debida al dictarlo. Esta ilegalidad implicaría una presunción de culpabilidad. No obstante, la diligencia no es exactamente eso. La culpa o negligencia contenida en el artículo 1.104 del Código Civil es "la omisión de aquella diligencia que exija la naturaleza de la obligación y corresponda a las circunstancias de las personas, del tiempo y del lugar".

Esto es, la Administración no responderá por que la decisión automatizada haya causado un daño, sino porque no haya adoptado las medidas necesarias para prevenirlo. Esto implica que la Administración deberá adoptar una serie de garantías que preserven los derechos fundamentales y las garantías del ciudadano en el procedimiento administrativo.

En este sentido, la responsabilidad por culpa es adecuada en la toma de decisiones automatizadas porque la Administración tiene la obligación de controlar *ex ante* y *ex post* el funcionamiento de los algoritmos y de las decisiones adoptadas por el sistema de IA. Si se aplicara un régimen de responsabilidad objetiva, se correría el riesgo de que se relajaran excesivamente los controles públicos.

El control público *ex ante* debe ir dirigido, entre otros, a (Boix Palop, 2021):

i. Que todo el proceso de elaboración de los algoritmos en la forma legalmente prevista, con pleno sometimiento a la Ley y el respeto por los derechos fundamentales.

ii. Determinar si el algoritmo debe formar parte del expediente administrativo, que tiene importancia a los efectos de transparencia o acceso a los expedientes;

iii. Determinar si el resultado del algoritmo debe ser siempre igual o uniforme o, en cambio, se debe optar por la informalidad decisoria. Boix aconseja optar por una total transparencia decisoria, que ha de ser pública.

iv. Determinar si el agente público encargado de ese procedimiento administrativo puede separarse de las conclusiones adoptadas por el algoritmo, o éste debe tener una fuerza vinculante, como determinados informes.

El control *ex post* se refiere, por su parte, a la exigencia de la supervisión humana. La conclusión de la máquina no debe incorporarse de forma automática a un acto administrativo, sino que debe existir un agente público que racionalice las conclusiones alcanzadas por el sistema de IA.

Por otra parte, el establecimiento de un régimen de responsabilidad objetiva en el caso de la IA supondría la insostenibilidad económica del sistema, habida cuenta de la magnitud de los daños que puede causar esta tecnología. Pantaleón ya consideró que el sistema de responsabilidad objetiva podía llegar a tener consecuencias "explosivas" (Pantaleón Prieto, 1994).

Por lo expuesto, la propuesta que se realiza en esta investigación es la siguiente:

i. La Administración no responderá de forma objetiva cuando emplee sistemas de IA para la toma de decisiones, salvo cuando esta decisión genere un daño a los derechos fundamentales de los ciudadanos. El daño a un derecho fundamental encajaría en el concepto de ilegalidad cualificada acuñado por el Tribunal Supremo en esta materia. No obstante, en estos casos, nos encontraríamos con un problema de prueba, ya que como hemos visto, la falta de transparencia de los algoritmos podría dificultar la prueba del daño.

ii. La Administración responderá por el funcionamiento anormal de los servicios públicos cuando se pruebe que no ha desplegado todo el nivel de diligencia que le era exigible, en línea con la presunción *iuris tantum* de responsabilidad establecida en las nuevas Directivas europeas.

Esto es, en palabras de Mir, la Administración no deberá indemnizar cuando haya actuado correctamente. En sus palabras, "cuando cumpla con el modelo de conducta para ella fijado por la colectividad; cuando, en definitiva, haya actuado como el ordenamiento (la colectividad, en definitiva) espera y exige que actúe" (Mir Puigpelat et al, 2009).

En cualquier caso, se propone la aprobación de una norma sectorial en materia de IA que regule específicamente los requisitos de la responsabilidad patrimonial en la toma de decisiones automatizadas, que tenga en cuenta la sostenibilidad jurídica y económica del sistema de responsabilidad objetiva y que establezca, de forma casuística, cuándo y cómo responderá la Administración en cada caso.

6. REQUISITOS PARA QUE EXISTA RESPONSABILIDAD PATRIMONIAL DE LAS ADMINISTRACIONES PÚBLICAS

Los presupuestos para la exigencia de responsabilidad son: que la lesión sea resarcible, que exista relación de causalidad entre el funcionamiento normal o anormal del servicio y el daño producido, y la ausencia de fuerza mayor. Veamos detenidamente cada uno de ellos.

6.1. Lesión resarcible

En primer lugar, es necesario distinguir entre el mero daño y la lesión resarcible. El daño es cualquier perjuicio físico moral o patrimonial. La lesión resarcible es un daño cualificado que exige de la concurrencia de cuatro requisitos: antijuridicidad, efectividad, evaluabilidad e individualización. La lesión también ha sido definida como cualquier menoscabo que sufre un particular en sus bienes vitales o naturales, en su propiedad o en su patrimonio, como consecuencia de un acaecimiento o evento determinado.

En cualquier caso, lo que interesa es que el daño ha de ser antijurídico. La antijuridicidad del daño es un concepto positivizado en el artículo 34.1 de la Ley 40/2015, que establece que solo serán indemnizables las lesiones producidas al particular provenientes de daños que éste no tenga el deber jurídico de soportar de acuerdo con la Ley.

A contrario sensu, el último inciso del artículo 34.1 establece que no serán indemnizables los daños que se deriven de hechos o circunstancias que no se hubiesen podido prever o evitar según el estado de los conocimientos de la ciencia o de la técnica existentes en el momento de producción de aquéllos, todo ello sin perjuicio de las prestaciones asistenciales o económicas que las leyes puedan establecer para estos casos.

En este sentido, el concepto de antijuridicidad no se identifica con el de ilegalidad. La responsabilidad puede darse tanto por el funcionamiento normal como anormal del servicio público. En consecuencia, no es necesario que la actuación sea contraria a Derecho, sino que la clave es el "deber jurídico de soportar esos perjuicios", no la legalidad o la ilegalidad de la actuación. Esta idea ha sido reiterada por el Tribunal Supremo, al reconocer que lo relevante no es el proceder antijurídico de la Administración, sino la antijuridicidad del resultado o lesión[9]. Es decir, resulta indiferente que la actuación sea legal o ilegal, ya que lo importante es que el particular no esté obligado a soportar el resultado dañoso.

El primer autor que estableció esta teoría fue García de Enterría, al analizar la Ley de Expropiación Forzosa. Según este autor, la ilicitud y la culpa no eran el fundamento de la responsabilidad administrativa, sino que el "criterio determinante" era el daño antijurídico, no la conducta administrativa (García de Enterría, 2006).

Mir Puigpelat, con base en esta doctrina, explica que el deber jurídico de soportar el daño existe cuando hay alguna causa de justificación expresa y concreta que lo legitime (Mir Puigpelat, 2002).

Esta perspectiva permite deslindar los supuestos de responsabilidad patrimonial de otras cargas impuestas por ley, lo que da lugar a tres supuestos distintos (García Amado, 2019):

i. Las cargas establecidas por norma. Por ejemplo, las limitaciones del derecho de propiedad como consecuencia de la planificación urbanística o la función social del suelo[10]. En estos supuestos, si existe el deber jurídico de

---

9 Sentencia del Tribunal Supremo 568/2007, de 5 de febrero (TOL1.036.676).

10 Por ejemplo, la Ley 42/2007, de 13 de diciembre, de Patrimonio Natural y de la Biodiversidad, prevé algunos mecanismos para conseguir la conservación

soportar una restricción en el derecho de propiedad, la indemnización que abone la Administración no será considerada como una indemnización por responsabilidad patrimonial.

ii. La obligación de la Administración de reparar ciertos perjuicios. En este supuesto, puede ser como consecuencia de comportamientos antijurídicos de terceros o daños no debidos conductas a antijurídicas, sino al azar o fenómenos naturales, como terremotos o inundaciones. En este caso, la Administración se erige como aseguradora de los administrados. No existe un daño antijurídico, puesto que el fundamento de la indemnización no es la ausencia de un deber jurídico de soportar ese daño.

iii. El reconocimiento expreso de que la Administración no tiene obligación de indemnizar determinados perjuicios a pesar de que sí que ha participado, en mayor o menor medida, en el resultado dañoso. Como prueba de ello, el artículo 34.1 de la Ley 40/2015 establece que:

"No serán indemnizables los daños que se deriven de hechos o circunstancias que no se hubiesen podido prever o evitar según el estado de los conocimientos de la ciencia o de la técnica existentes en el momento de producción de aquéllos, todo ello sin perjuicio de las prestaciones asistenciales o económicas que las leyes puedan establecer para estos casos".

Esta previsión trae causa de la Ley 4/1999, de 13 de enero, que modificó el artículo 141.1 de la Ley 30/1992. Este inciso se introdujo a raíz de contagios de hepatitis C) o SIDA que eran consecuencia de transfusiones de sangre

---

de los espacios Naturales Protegidos. Existen incentivos o compensaciones en las Áreas de Influencia Socioeconómica que la Administración debe abonar obligatoriamente, por imposición de una norma.

realizadas en centros de salud u hospitales. Los avances de la ciencia no se produjeron de forma paralela al desarrollo legislativo y a la imposición de obligaciones de control, lo que dio lugar a situaciones controvertidas[11]. De hecho, hasta febrero de 1987 no se obligó a todo el territorio nacional a la detección del virus, mediante la aprobación de la Orden de 18 de febrero de 1987.

El Tribunal Supremo, reconoció que, dado el elevado número de contagios de hepatitis y SIDA a través de transfusiones, se debían limitar éstas a los supuestos de riesgo vital o de graves e irreparables consecuencias para la salud del paciente y siempre que no hubiera otra alternativa. Además, se imponía la necesidad de que constara el consentimiento informado sobre los riesgos a los que se enfrentaba con la transfusión. Es decir, que el hecho de someterse a una transfusión suponía, de alguna manera, que el administrado se colocaba en una situación en la que podía ser contagiado.

Esta doctrina ha sido confirmada posteriormente, al considerar que las transfusiones realizadas con anterioridad a que se descubriera el genoma del virus, quedaban excluidas de la responsabilidad patrimonial de la Administración. Lo importante a estos efectos es si, en el momento en el que se produjo la transfusión, el estado de

---

[11] El Real Decreto 1945/85, de 9 de octubre, sobre hemodonación y bancos de sangre no incluyó la obligatoriedad de la prueba de detección de anticuerpos VIH. La Orden que desarrolló el RD de 4 de diciembre de 1985 tampoco impuso la obligación de detectar el VIH antes de realizar la donación de sangre. De hecho, esta Orden imponía las mismas obligaciones que la anterior de 1979, momento en el que aún no se conocía la enfermedad el SIDA. En consecuencia, hasta la aprobación de la Orden de 18 de febrero de 1987 no era obligatorio realizar las pruebas de detección de anti-VIH en las donaciones de sangre.

la ciencia y de la técnica permitía conocer que se iba a infectar al sujeto[12].

Sobre este punto volveremos posteriormente y analizaremos si el autoaprendizaje del algoritmo y su autonomía podrían ser alegados como una circunstancia exoneratoria.

Dado que no existe una obligación legal inexcusable para usar la IA, Valero propone que, con carácter previo cada Administración se plantee para qué trámites y actuaciones se pretende utilizar. Y, asimismo, se deberán establecer los criterios generales y otros aspectos de la configuración del algoritmo (Valero Torrijos, 2019).

Por tanto, ¿cuándo se entiende que el sujeto tiene obligación de soportar el daño o perjuicio? Cuando exista un título que reconozca esta obligación. Del examen de las Sentencias clásicas del Tribunal Supremo de 7 de abril y de 19 de diciembre de 1989, entre otras, se infiere que el criterio esencial para determinar la antijuridicidad del daño o perjuicio causado a un particular por la aplicación de un precepto legal o normativo debe ser el de si concurre o no el deber jurídico de soportar el daño, ya que las restricciones o limitaciones impuestas por una norma, precisamente por el carácter de generalidad de la misma, deben ser soportadas, en principio, por cada uno de los individuos que integran el grupo de afectados, en aras del interés público[13].

---

12 Por todas, Sentencia del Tribunal Supremo 3827/2012, de 29 de mayo (TOL2.558.266).

13 Cfr. Sentencia del Tribunal Supremo 13600/1989, de 7 de abril (TOL2.373.067), que dispone: "De ahí que siempre que se produzca un daño en el patrimonio de un particular sin que éste venga obligado a soportarlo en virtud de disposición legal o vínculo jurídico, hay que entender que se origina la obligación de resarcir por parte de la Administración, si se cumplen los requisitos para ello, ya que al operar el daño o el perjuicio como meros hechos jurídicos, es totalmente irrelevante para la imputación de los mismos a la Administración,

En el caso del uso de la IA y los algoritmos, la antijuridicidad aparece con rasgos peculiares que conviene tener en cuenta. Tal y como indica Alcolea, no se trata de la máxima *The King can do no wrong*, sino de la siguiente: *The King can do wrong, but He does not know how* (Alcolea Azcárraga, 2022).

En el caso de las decisiones automatizadas, habrá que distinguir dos supuestos: (*i*) por un lado, si se han tomado en el ejercicio de una potestad reglada o de una potestad discrecional y (*ii*) por otro, si se considera que el algoritmo es un reglamento o no. Por otor lado, en el caso de las potestades regladas, se deberá examinar si concurre el supuesto de hecho previsto en la norma y, en caso afirmativo, aplicar la consecuencia jurídica que corresponda.

En el caso de las potestades discrecionales, deberemos aplicar la teoría de la pérdida de la oportunidad ya que se debe aventurar cuáles son las posibilidades de que la Administración hubiera emitido un acto en un sentido distinto. La pérdida de oportunidad se caracteriza por la incertidumbre de que la actuación de la Administración pudiera haber evitado los daños. Y, además, evaluar el grado de probabilidad de que esa actuación hubiera producido un efecto beneficioso, y el grado, entidad o alcance del mismo[14].

6.2. El daño: la doctrina de la pérdida de oportunidad

La pérdida de oportunidad es un concepto utilizado mayoritariamente en el ámbito sanitario y se basa en la probabilidad del daño, aunque no se haya podido demostrar la causalidad. Es una teoría que se aplica para salvar los obstáculos que pre-

---

que ésta haya obrado en el estricto ejercicio de una potestad administrativa, o en forma de mera actividad material o en omisión de una obligación legal".

14 Sentencia del Tribunal Supremo 8109/2012, de 3 de diciembre (TOL2.721.762).

senta el nexo causal, por lo que es muy útil para el análisis de esta investigación.

Esta teoría surgió en el ordenamiento jurídico americano (Estados Unidos, Canadá o Argentina, entre otros) y en algunos ordenamientos nacionales (Bélgica, Holanda, Italia, entre otros). En el ordenamiento jurídico español no se reconoció ni en el Código Civil ni en sede de responsabilidad administrativa en la Ley 30/1992 (Medina Alcoz, 2009). Sin embargo, la teoría penetró en nuestro ordenamiento gracias a la doctrina y la jurisprudencia.

Según Medina Alcoz (2009), la teoría de la pérdida de oportunidad se aplica en ámbitos que reúnen los siguientes requisitos:

i. Incertidumbre estricta: En estos casos, existe una posibilidad causal tan elevada que permite dar por cierto el hecho causal. Estamos ante una "posibilidad fundada, seria, real, no desdeñable". En el caso de la IA, se tratará de comparar el resultado del algoritmo con el resultado que, previsiblemente, habría adoptado la inteligencia humana (Medina Alcoz, 2009).

ii. Incertidumbre irreversible: No existe la posibilidad de alcanzar la certidumbre de que el agente no causó el daño o, lo que Medina denomina *chance* inexorablemente sacrificada. Se trata de una posibilidad realmente frustrada y de forma definitiva. En el caso de la IA, en el momento en el que la Administración ha adoptado una decisión basada en algoritmos, ya podemos hablar de una posibilidad frustrada (con independencia de que posteriormente se resarza) (Medina Alcoz, 2009).

iii. Incertidumbre intrínseca: Es decir, cuando la incertidumbre no la ha causado la propia víctima. Es evidente que la incertidumbre algorítmica encaja en este requisito y que el administrado no podrá probar con total certidumbre el nexo causal. Tal y como indica Medina, la incertidumbre no está tan vinculada con la dificultad probatoria como con la "imposibilidad material" y por la presencia de "elementos aleatorios que no resultan marginales". Es decir, no estamos ante un perjuicio que no se ha demostrado pero que teóricamente se podría demostrar, sino ante un perjuicio que es indemostrable *per se* (Medina Alcoz, 2009).

Además de estos requisitos, existe la incertidumbre causal, que supone que la teoría de la pérdida de oportunidad no se aplicará cuando (*i*) la probabilidad sea nula o escasa; o cuando (*ii*) la probabilidad sea alta o suficiente, pues podrá tenerse por cierto el nexo causal, en cuyo caso se reconocerá el derecho a la reparación total del daño. Igualmente, tampoco se aplicará cuando el daño no se haya materializado ni en los casos en los que acontecimientos venideros puedan propiciar su reparación. Finalmente, tampoco se aplicará cuando el perjudicado no haya empleado todos los medios probatorios que tenía a su alcance (Medina Alcoz, 2009).

Estos requisitos conducen a la conclusión de que la IA es un escenario en el que la teoría de la pérdida de oportunidad podría funcionar adecuadamente. La incertidumbre, el autoaprendizaje del algoritmo, la *black box* y el comportamiento autónomo dan lugar a que se fije una *ratio* probabilística y que los administrados puedan ser recompensados, al menos en parte, por los daños sufridos como consecuencia de las decisiones algorítmicas.

Al amparo de esta doctrina, a los administrados que se les cause un daño se les reconocerá una indemnización de la que se descontará una parte proporcional al grado de incertidumbre, ya que indemnizar la oportunidad perdida es consiste en restar la ventaja el margen de incertidumbre de la estimación pecuniaria del daño final (Medina Alcoz, 2009).

La fijación de este porcentaje no debería presentar mayores problemas. El sistema de responsabilidad civil español no es ajeno a la fijación de porcentajes de probabilidad, de hecho, existen ámbitos en los que se fija este porcentaje: culpa de la víctima, intervención de tercero o fuerza mayor, por ejemplo. También en la teoría tradicional del nexo causal. Por ejemplo, en el derecho americano se maneja el porcentaje del 50%, en virtud de la máxima *more probable than not* y, en el Derecho europeo continental, el 80%. Cuando las probabilidades causales alcanzan este umbral de certidumbre, se tiene por cierto el hecho dañoso y se procede a una indemnización total (Medina Alcoz, 2009). En la teoría de la pérdida de oportunidad no se exige llegar a ese umbral de certidumbre, sino que, una vez calculado el grado de probabilidad en el caso concreto, se calcula la indemnización que corresponda.

Para hacer frente a la incertidumbre causal, Medina Alcoz (2009) pone de manifiesto una serie de elementos que resultan plenamente aplicables al supuesto que nos ocupa. En primer lugar, se rebaja el estándar probatorio. Es decir, se altera la forma de valorar la prueba ya que "la probabilidad deja de ser un método de valoración probatoria y se convierte en el objeto mismo de la prueba". En este caso, se deberá de probar la probabilidad de haber obtenido una resolución estimatoria si no se hubiera empleado IA.

En cuanto al porcentaje de probabilidad, el Tribunal Supremo ha llegado a cuantificarlo en el ámbito sanitario. En la Sentencia del Tribunal Supremo de 7 de julio de 2008, el Alto Tribunal consideró que la recompresión de una persona "en una cámara hiperbárica (que si bien) no garantiza al 100 % el restablecimiento de los accidentados disbáricos, de modo que un 28,5 % de los tratados en las seis primeras horas presentan lesiones permanentes, en cualquier caso, (en el supuesto de la Sentencia) se le hurtó al paciente la eventualidad de pertenecer al 71,5 % de [los] lesionados que, tratados en el plazo idóneo, se recuperan globalmente"[15].

Por tanto, habrá que calcular en el caso que nos ocupa qué probabilidad tenía el administrado de que una inteligencia humana hubiera fallado en sentido favorable al administrado. Alcolea emplea un umbral de 15%. En el caso de la IA, si esta posibilidad es inferior al 15%, considera que es una mera posibilidad genérica, que no da lugar a ningún derecho indemnizatorio. Si la posibilidad es superior al 80%, nos encontraríamos en los presupuestos habituales de responsabilidad. La pérdida de oportunidad se analizaría, por tanto, cuando esta posibilidad se ubique entre el 15% y el 80%. En este último caso es donde hablaríamos de oportunidades perdidas (Alcolea Azcárraga, 2022).

Una de las cuestiones que más dudas suscita en la pérdida de oportunidad es la de la necesidad de que concurra algún tipo de culpa o negligencia. Ya hemos visto al analizar el régimen de responsabilidad objetiva que el funcionamiento anormal puede deberse a una negligencia o no. En el caso de la pérdida de oportunidad, existen Sentencias que exigen una actuación contraria a la *lex artis*. Por ejemplo, en la Sentencia de 12 de julio de 2012 del Tribunal Supremo, se entiende que "para que la pérdida de oportunidad pueda ser apreciada debe deducirse de ello una situación relevante, bien derivada de la actuación médica que evidencia mala praxis o actuación contra protocolo o bien de otros extremos como pueda ser una simple sintomatología evidente indicativa de que se actuó incorrectamente o con omisión de medios"[16].

---

15 Sentencia de la Sala de lo Contencioso-Administrativo del Tribunal Supremo 3890/2008, de 7 de julio (TOL1.351.165).

16 Sentencia del Tribunal Supremo 5177/2012, de 12 de julio (TOL2.597.567).

Frente a esta postura, existe una corriente jurisprudencial contradictoria, que define la pérdida de oportunidad como "una figura alternativa a la quiebra de la *lex artis* que permite una respuesta indemnizatoria en aquellos casos en que tal quiebra no se haya producido y, no obstante, concurre un daño antijurídico"[17].

Por tanto, ¿la teoría de la pérdida de la oportunidad exige algún tipo de culpa o negligencia? Lozano Cutanda (2019) considera que la contradicción entre estas Sentencias es aparente porque en todas las Sentencias que acogen la pérdida de la oportunidad se aprecia, si no una quiebra evidente de la *lex artis*, algún tipo de falta de diligencia que da lugar a indemnización.

En definitiva, la pérdida de oportunidad entraña el incumplimiento de alguna de las garantías del procedimiento y, en todo caso, un incumplimiento del principio de confianza legítima en el administrado, ya que se acredita que la actuación humana hubiera sido diferente a la actuación de la máquina.

6.2.1. Efectividad del daño

La efectividad del daño es un requisito establecido para eliminar las meras expectativas. Debe tratarse de daños reales y efectivos. Para entender cómo se aplica este requisito a los daños producidos por la IA, se asumirá que, cuando existe una alta probabilidad de que la inteligencia humana hubiera obrado en un sentido favorable al administrado, se entiende que existe un daño *real* y no una mera expectativa.

Para distinguir los daños reales de las meras expectativas, véase el origen de este requisito, que se manifiesta en las Sen-

---

17 Por todas, Sentencias del Tribunal Supremo 352/2018, de 6 de febrero (TOL6.508.701), y 131/2015, de 13 de enero (TOL4.681.790).

tencias del Tribunal Constitucional de 29 de julio de 1986[18], de 11 de junio de 1987[19], y de 19 de abril de 1988[20], que examinaron la constitucionalidad de los preceptos de las Leyes que anticiparon la edad de jubilación de Jueces y Magistrados, funcionarios públicos y Profesores de EGB. El Tribunal Constitucional consideró que la anticipación de la edad de jubilación no implicaba una privación de derechos, sino que lo que se alteraba era el régimen jurídico, en el ámbito de la potestad del legislador constitucionalmente permisible.

En estas Sentencias, se indica que ello no impide añadir "que esa modificación legal origine una frustración de las expectativas existentes y en determinados casos perjuicios económicos que pueden merecer algún género de compensación"[21].

---

18 Cfr. Sentencia del Tribunal Constitucional 108/1986, de 29 de julio. BOE n.º 193, de 13 de agosto de 1986 (TOL79.654).

19 Cfr. Sentencia del Tribunal Constitucional 99/1987, de 11 de junio. BOE n.º 152, de 26 de junio de 1987 (TOL338.841)

20 Cfr. Sentencia del Tribunal Constitucional 70/1988, de 19 de abril. BOE n.º 108, de 5 de mayo de 1988. (TOL80.181).

21 Sentencia del Tribunal Constitucional 99/1987, de 11 de junio (TOL338.841), que concluye: "El funcionario que ingresa al servicio de la Administración Pública se coloca en una situación jurídica objetiva, definida legal y reglamentariamente y, por ello, modificable por uno u otro instrumento normativo de acuerdo con los principios de reserva de Ley y de legalidad, sin que, consecuentemente, pueda exigir que la situación estatutaria quede congelada en los términos en que se hallaba regulada al tiempo de su ingreso, o que se mantenga la situación administrativa que se está disfrutando o bien, en fin, que el derecho a pensión, causado por el funcionario, no pueda ser incompatibilizado por Ley, en orden a su disfrute por sus beneficiarios, en atención a razonables y justificadas circunstancias, porque ello se integra en las determinaciones unilaterales líop.citas del legislador, al margen de la voluntad de quien entra al servicio de la Administración, quien, al hacerlo, acepta el régimen que configura la relación estatutaria funcionarial (art. 103. 3 C.E.). Por otro lado, no hay que olvidar que, por parte de cada funcionario, se ostenta el derecho a la jubilación y al disfrute (o a soliop.citarlo, en su caso), de las situaciones administrativas legalmente reconocidas, pero no el

Respecto a la modificación de la edad de jubilación, el Tribunal Supremo también entiende que el personal sujeto a régimen estatutario que está al servicio del Estado, no goza de un derecho subjetivo, sino de una simple expectativa a que la jubilación forzosa se produjese a una determinada edad (la vigente en el momento de comenzar la prestación de sus servicios), estando dicha edad sujeta en todo momento a las posibles reformas del aludido régimen estatutario.

En el caso de la IA, se observan sendas diferencias con el caso examinado:

i. Por un lado, el administrado sí que goza de un derecho subjetivo a que la Administración actúe con pleno respeto a las garantías del procedimiento y a que la IA se comporte igual que la inteligencia humana.

ii. Por otro lado, el distinto comportamiento de la IA frente a los humanos, no constituiría una legítima modificación legislativa fundada en razones sociológicas y económicas.

iii. Finalmente, la dificultad probatoria no debería ser un problema si se aplica la teoría de la pérdida de oportunidad. Como hemos visto en el apartado anterior, en el uso de algoritmos y actuaciones automatizadas, resulta

---

derecho, sino la expectativa frente al legislador a que la edad de jubilación o el catálogo de situaciones continúen inmodificadas por el legislador, en modo que permanecieran tal y como él las encontró al tiempo de su acceso a la Función Pública.

Consecuentemente con lo expuesto, si no existen tales derechos no puede reprocharse a las normas que se impugnan el efecto de su privación y, por tanto, habrá que concluir por rechazar la pretendida vulneración del art. 33.3 de la Constitución. [...]

b) Sentada la conclusión anterior, una lógica estricta conduciría a su complementaria, es decir, a la de la superfluidad de examinar si las disposiciones legales que afectan a esos pretendidos derechos (en el sentido expuesto) son o no retroactivas, como se alega por los recurrentes".

aplicable la teoría de la pérdida de la oportunidad y, en la medida en que la actuación humana hubiera actuado de forma favorable al administrado en una posibilidad del 15% al 80%, existirá derecho indemnizatorio.

En síntesis, los daños causados por la IA sí que pueden llegar a ser reales y efectivos y no obedecer a meras expectativas.

6.2.2. Evaluable económicamente

El daño ha de ser determinable en dinero. Este requisito facilita que, en su caso, se pueda valorar e indemnizar al afectado. Este requisito trae causa del principio de reparación integral. La evaluabilidad del daño difiere en función de si se trata de daños materiales o de daños morales:

i. En el caso de daños materiales, éstos incluirán el lucro cesante y el daño emergente. Esto es, la valoración vendrá determinada por el valor de mercado o por la estimación de lo que el sujeto haya dejado de percibir. Respecto al lucro cesante, éste debe ser calculado de forma casuística, como pone de manifiesto la jurisprudencia clásica del Tribunal Supremo[22].

---

[22] Cfr. Sentencia de la Sala de lo Contencioso-Administrativo del Tribunal Supremo 5808/1998, de 13 de octubre (TOL1.715.113): "el lucro cesante, por su propia naturaleza, no puede probarse de modo directo, sino indirecto, en un cálculo de expectativas de ingresos y de vida fundado en las circunstancias de edad y socioeconómicas de la víctima y de sus relaciones con el perjudicado o los perjudicados, que la Sala efectivamente tiene en cuenta de modo expreso, al detallar los ingresos por pensión que percibía, su situación de jubilado, su edad y la dependencia económica en que respecto de él se hallaba su esposa, circunstancias más que suficientes para justificar la cantidad reconocida".

Por daño emergente se entiende cualquier menoscabo patrimonial experimentado de manera actual como consecuencia de la actividad dañosa[23].

Por lucro cesante, la pérdida de unos ingresos no meramente contingentes. Además, el lucro cesante debe probarse al menos, de modo indirecto. El Tribunal Supremo declara, al examinar el lucro cesante, que no puede computarse el lucro hipotéticamente dejado de percibir, sino el real y justificado[24]

ii. Sin embargo, como hemos visto, los daños indemnizables no son solo daños en bienes y derechos patrimoniales, sino que también son indemnizables los daños morales y corporales.

Respecto a los daños morales, la jurisprudencia del Tribunal Supremo se ha encargado de delimitarlos y caracterizarlos. Hay daño moral exclusivamente cuando se ha atentado a un derecho inmaterial de la persona: por ejemplo, cuando hay vulneración del derecho al honor, intimidad o propia imagen, o cuando se produce la muerte de un ser querido. En estos supuestos, se cuantifica el *pretium doloris*. La Ley 15/2022 ha reconocido expresamente que, en el caso de discriminaciones por un sistema de IA, deben indemnizarse los daños morales, lo que consideramos que resulta extensible al supuesto examinado.

El presupuesto de hecho que da lugar a un daño moral indemnizable consiste en estados de ánimo como el "sufrimiento

---

[23] Entre otras, Sentencia del Tribunal Supremo 6513/1998, de 6 de noviembre (TOL1.715.247).

[24] Íbid.

o padecimiento psíquico [...] o espiritual [...] impotencia, zozobra, ansiedad, angustia"[25]. Sin embargo, no ha de tratarse de un mero malestar o incertidumbre, sino que debe tratarse de una repercusión psicofísica grave[26].

Precisamente, el problema de estos daños reside en su cuantificación. El Tribunal Supremo ha reconocido que el resarcimiento del daño moral carece de módulos objetivos, atendiendo a su carácter afectivo y de *pretium doloris.* Existen criterios casuísticos para valorar el daño moral (Chaves García, 2018):

i. El precedente judicial ante casos similares.

ii. La fuerza de los indicios, como los padecimientos psicológicos o psiquiátricos.

iii. El elemento personal en el sufrimiento moral, ya que dependerá de la sensibilidad de cada personal.

iv. La existencia de indemnizaciones complementarias vinculadas a la lesión de otros intereses patrimoniales implicados.

En este sentido, el Tribunal Supremo considera que la reparación ha de extenderse a todos los daños alegados y probados, incluyendo el denominado *pretium doloris,* que comprende tanto el daño moral como los sufrimientos físicos y psíquicos pa-

---

25 Sentencia del Tribunal Supremo 2625/2020, de 15 de julio (ID Cendoj: 28079110012020100433).

26 Sentencia del Tribunal Supremo 5418/2006, de 30 de junio de 2006 (TOL998.513).

decidos por los perjudicados[27]. Sin embargo, es frecuente que la jurisprudencia opte por una indemnización a tanto alzado[28].

En el caso de los daños causados por la IA, una vez se aprecia la responsabilidad por oportunidades perdidas, nos enfrentamos a una elevada dosis de incertidumbre para la valoración de los daños. En estos casos, concurren dos elementos que dificultan la cuantificación:

i. Por un lado, el grado de probabilidad de que la actuación humana hubiera actuado de forma favorable al administrado.

ii. Por otro, su valoración, grado o alcance.

Esto ha dado lugar a que se realice una valoración global del daño, ya que se carece de parámetros objetivos para realizar este cálculo. Aun así, este cálculo no estará exento de controversia, habida cuenta de las dificultades que implica convertir determinadas circunstancias complejas y subjetivas en una suma dineraria.

En consecuencia, se valorará como daño antijurídico la pérdida de oportunidad y no el resultado final. De esta manera, la

---

27 Entre otras, Sentencia del Tribunal Supremo 7002/2011, de 2 de noviembre (TOL2.271.864): "dada la carencia de parámetros o módulos objetivos y las dificultades que comporta la conversión de circunstancias complejas y subjetivas en una suma dineraria; después la posibilidad de acudir con carácter orientativo a los precedentes judiciales y a los baremos existentes en otros ámbitos; la necesidad, asimismo, de tener en cuenta las circunstancias personales y familiares del perjudicado, las concurrentes en la víctima y la incidencia, importante a su juicio, que ésta tuvo en el resultado lesivo; y, en fin, la similar importancia que atribuye a las concausas concurrentes".

28 Sentencia del Tribunal Supremo 2038/2002, de 20 de marzo de 2002 (ID Cendoj: 28079130062002100417).

teoría de la pérdida de oportunidad no supone la obligación de indemnizar la totalidad de los daños causados sino, como bien dice su nombre, la "oportunidad perdida". Esto no es fácil teniendo en cuenta el alto grado de incertidumbre que se maneja: por un lado, incertidumbre sobre si se hubiera producido de todos modos el resultado final y por otro, incertidumbre causal (*vide* el apartado anterior, en materia de relación de causalidad) (Gallardo Castillo, 2015).

En el caso del uso de la IA, el juez deberá realizar un cálculo prospectivo de oportunidades de obtener el resultado pretendido. Según Gallardo (2015), estamos ante un "daño patrimonial incierto por pérdida de oportunidad de obtener una situación de ventaja que se presenta como incierta". Este cálculo prospectivo supone que, cuanto más sea el coeficiente de probabilidad de haber evitado el daño, más probable será el nexo causal y, por tanto, la oportunidad perdida será mayor. Y al revés. Además, la pérdida de oportunidad no equivale al daño moral ni el lucro cesante (Gallardo, 2015):

i. Por un lado, la oportunidad perdida no debe evaluarse como daño moral por el hecho de moverse en el terreno de las hipótesis. La oportunidad perdida constituye un daño actual y cierto. La única diferencia con los daños patrimoniales *stricto sensu* es que, para calcularla se requiere una operación matemática.

ii. Por otra parte, el daño moral se compensa, no se resarce. Pero la pérdida de la oportunidad exige probar que el sujeto se encontraba en una situación fáctica o jurídica que le habilitaba para obtenerlo. Si no se prueba este extremo, por tanto, no existe perjuicio.

ii. Por tanto, la frustración de una oportunidad real es un daño cierto. No obstante, podría ocurrir que, además de la pérdida de la oportunidad se hayan generado daños extrapatrimoniales, como es el caso de los daños a los derechos fundamentales.

iv. Por otro lado, la oportunidad perdida tampoco equivale a lucro cesante. La diferencia entre ambas es que, mientras que el lucro cesante indemniza una ganancia dejada de percibir, mientras que la pérdida de oportunidad puede incluir una ganancia frustrada y, además, la frustración de la posibilidad de evitar un perjuicio.

Por ello, cuando nos encontremos ante daños causados por la IA, lo más adecuado y práctico será establecer una indemnización que responda a un juicio prospectivo, que evalúe las posibilidades de haber obtenido un acto favorable al administrado si no hubiera mediado una actuación administrativa automatizada.

6.2.3. Daño individualizado en relación a una persona o grupo de personas

Este requisito supone que los perjudicados han de ser una persona concreta o un grupo de personas individualizado. La finalidad de este requisito es que, en su caso, se pueda determinar y concretar uno o varios patrimonios afectados. Se descartan, por tanto, aquellos grupos indeterminables o indefinidos, o aquellos que su elevado número haga imposible su reparación (Fuentes Abril, 2009).

En el caso del empleo de los algoritmos, aunque pueden llegar a afectar a grupos de personas (por ejemplo, grupos vulnerables), las decisiones que pueden generar daños se toman de forma individualizada para cada individuo. Si, por ejemplo, un colectivo considerase que un algoritmo es discriminatorio, debería probar que esa decisión concreta ha afectado a su patrimonio de forma particular. No sería posible alegar una "discriminación" en abstracto.

6.3. Relación de causalidad

La relación de causalidad exige (*i*) que se pueda imputar el daño a la Administración, (*ii*) que exista un nexo causal entre la acción y el daño y (*iii*) que no haya intervenido ningún tercero o culpa de la víctima ni fuerza mayor. Es decir, los daños deben ser consecuencia directa e inmediata del funcionamiento de los servicios públicos. Veamos, pues, en qué consisten estos requisitos y cómo se materializan en el caso de las actuaciones automatizadas y el uso de la IA.

La interpretación de la relación de causalidad no es una cuestión pacífica. Mientras que algunas sentencias abogan por una concepción fáctica —teoría de la equivalencia de las condiciones—, otras Sentencias aplican una concepción normativa, mucho más restrictiva, para justificar la denegación de indemnización —teoría de la causalidad adecuada, causa eficiente y causa directa—.

Aunque la relación de causalidad no puede ser definida de forma apriorística, el Tribunal Supremo estableció inicialmente una serie de parámetros para evaluar la relación de causalidad[29]:

i. Entre las diversas concepciones sobre la causalidad, el Tribunal Supremo destaca que hay que tener en cuenta aquellos factores cuya inexistencia, hipotéticamente, hubieran evitado el daño.

ii. No son admisibles otras perspectivas tendentes a asociar el nexo de causalidad con el factor eficiente, preponderante, socialmente adecuado o exclusivo para producir el resultado dañoso, puesto que –válidas como son en otros terrenos– irían en contra del carácter objetivo de

[29] Sentencia del Tribunal Supremo 6241/1998, de 27 de octubre (ID Cendoj: 28079130061998100414).

la responsabilidad patrimonial de las Administraciones Públicas.

Frente a esta concepción, en otras Sentencias, el Tribunal Supremo es más flexible y considera que cualquier suceso lesivo es el resultado de un complejo de hechos y condiciones que pueden ser autónomos entre sí o dependientes unos de otros[30].

El Tribunal Supremo reconoce que el concepto de relación causal no puede ser definido apriorísticamente, ya que el daño es causa "de un complejo de hechos y condiciones que pueden ser autónomos entre sí o dependientes unos de otros, dotados, sin duda, en su individualidad, de un cierto poder causal"[31]. Por este motivo, el Tribunal se inclina por la tesis de la causalidad adecuada, que consiste en determinar si el daño entra dentro del curso normal de los acontecimientos o si por el contrario, no sería esperable dentro de este cauce.

La causa adecuada exige que exista una *conditio sine qua non*, un hecho sin el cual el daño no se habría causado. Ahora bien, este hecho no es suficiente para definir la causalidad adecuada. Además, la *conditio sine qua non* ha de ser "idónea para determinar aquel evento o resultado teniendo en consideración todas las circunstancias del caso"[32]. Esta premisa se conoce como "verosimilitud del nexo"[33]. Cuando se cumplen todas estas condiciones (necesidad e idoneidad), nos encontramos ante una causa adecuada, causa eficiente o causa próxima y verdadera del daño (*in iure non remota causas, sed proxima spectatur*).

Veamos pues, cómo se aplica la relación de causalidad en la pérdida de la oportunidad, que es el régimen que regirá las

---

30 Cfr. Sentencia del Tribunal Supremo 3681/1998, de 5 de junio (TOL1.551.113).

31 Íbid.

32 Sentencia del Tribunal Supremo 1006/2016, de 8 de marzo (TOL5.669.304).

33 Íbid.

relaciones de los administrados con la Administración cuando emplee algoritmos.

En el caso de la IA, el nexo de causalidad va a ser una de las cuestiones más problemáticas y difíciles de probar dada su opacidad y autoaprendizaje. La naturaleza de la IA impide conocer cuáles han sido los concretos motivos que han llevado al sistema a tomar una decisión u otra. Si se parte de una relación de causalidad estricta, la Administración quedaría exonerada casi siempre, ante la imposibilidad de demostrar la causa adecuada y eficiente del daño (Alcolea Azcárraga, 2022). No obstante, tal y como pone de manifiesto Alcolea, esta conclusión no se compadece con la sociedad actual, en la que se acepta que la realidad no es todo lo que "podemos describir a la perfección y tomar ello por ende como real y cierto".

A veces, puede resultar imposible determinar la "adecuación objetiva" entre acto y evento. ¿Deberíamos, por tanto, establecer algún sistema de causalidad distinto? Veamos qué normas existen en otros sistemas jurídicos (Ruda González, 2003):

i. En el *Common law,* existe la norma "regla de la preponderancia de la prueba" o *preponderance of the evidence rule.* La causalidad se considera probada cuando la probabilidad de que el demandado —en este caso, la IA— haya causado el daño es más alta que la probabilidad de que no. En estos supuestos, el administrado tendrá que probar que existe una probabilidad superior al 51% para poder condenar a la Administración.

ii. En Estados Unidos, se aplica el sistema conocido como "responsabilidad por cuota de mercado" o *market share liability.* Se trata de un sistema en el que se presume la causalidad, en base a una serie de criterios.

iii. La idea de la cuota de mercado opera como (*i*) criterio de imputación de responsabilidad y (*ii*) como parámetro para determinar la probabilidad de que haya causado el daño.

iv. Este tipo de responsabilidad se ha propuesto en ámbitos como el medio ambiente. En el ámbito de las emisiones, algunos autores (Díez-Picazo) sostienen que es más adecuado establecer una responsabilidad por cuota que una responsabilidad solidaria entre los distintos agentes contaminantes (Díez Picazo, 1996).

v. O, por ejemplo, otros autores consideran que la responsabilidad por cuota de mercado actúa como una especie de "seguro" que permite que todas las empresas que generan el riesgo, puedan responder frente a la víctima. Ahora bien, en estos casos, se sugiere que se complete con la acción de regreso frente a quien causó realmente el daño (De Miguel, 2003).

Frente a estas opciones, consideramos que lo más adecuado desde un punto de vista de la teoría de la pérdida de la oportunidad es optar por una causalidad probabilística, más semejante al régimen de *common law.*

La doctrina de la pérdida de oportunidad, además de lo expuesto, es un mecanismo de facilitación probatoria ya que, a pesar de existir esa incertidumbre causal y no existir una conexión directa entre la acción y la producción del daño, se atribuye a la Administración la privación de las expectativas del administrado.

Se trata, en palabras de Gallardo (2015), de una "distribución dinámica de la carga de la prueba", que reparte la necesidad de probar los hechos relevantes de forma flexible, de manera que se determina en cada momento del proceso quién está en mejores condiciones de probar uno u otro extremo de los hechos. En el caso de los algoritmos, es evidente que quien dispondrá de toda la información sobre su programación será la Administración o, en su caso, el programador.

Por tanto, si trasladamos estas consideraciones al ámbito de la IA, podemos afirmar que el administrado no estará cubierto por todas las exigencias del *onus probandi* que, en principio, le corresponde, sino por aquellos elementos fácticos sobre los que le es posible alcanzar un nexo de probabilidad que le permite conectar el daño con la presunción de un "funcionamiento anormal" del algoritmo. Según la teoría de la pérdida de la oportunidad, ello no es óbice para obtener una indemnización de los daños y perjuicios ocasionados por el algoritmo.

Esto es así porque la pérdida de la oportunidad se rige por los principios *favor victimae* o *pro damnato*, por una suerte de "justicia material" en aquellos casos en los que existe una probabilidad de que el administrado ha sufrido un daño que no debía soportar. No estamos hablando, por tanto, de una "relación causal completa y acabada en sus primigenias y rigurosas exigencias" sino de una justificación *sensu contrario*, "entre el hipotético comportamiento diligente que hubiera impedido la pérdida de oportunidad y la no producción del daño" (Gallardo Castillo, 2015).

En el campo de la IA, este razonamiento supone que resulta probable (según Alcolea, en una probabilidad entre el 15% y el 80%) que la Administración que ha empleado IA ha contribuido a la producción del daño pero no se dispone de elementos que permitan afirmar una probabilidad del 100%.

Por tanto, consideramos que esta teoría resulta adecuada cuando hablamos del uso de algoritmos por parte de la Administración Pública porque lleva intrínseca la incertidumbre, el carácter aleatorio y la incertidumbre de la producción del daño y de su causación, junto con la posibilidad cierta de que el administrado hubiera obtenido una resolución favorable si no se hubieran empleado algoritmos.

Partiendo de esta visión, el juzgador deberá abordar de forma distinta la causa y la prueba, y deberá atender a cada situación de forma casuística.

6.3.1. La imputación de la responsabilidad

La imputación es posible gracias a la teoría de la personalidad jurídica de la Administración. Es necesario distinguir entonces la personalidad jurídica —en abstracto— de las peculiaridades de la personalidad jurídica de la Administración (Menéndez Sebastián, 2013):

i. En el ámbito de la teoría general del derecho, la personalidad jurídica es el requisito imprescindible para ser sujeto de derecho y, por tanto, para poder ser sujeto de derechos y obligaciones.

ii. La personalidad jurídica de la Administración permite atribuirle las acciones y omisiones que realizan las Administraciones y la consiguiente responsabilidad que eventualmente se derive de las mismas. El artículo 3 de la Ley 40/2015 reconoce que las Administraciones Públicas actúan para el cumplimiento de sus fines con "personalidad jurídica única". Desde una perspectiva de operativa, la personalidad jurídica de la Administración sirve como centro de imputación y desviación de responsabilidades, de manera que es posible trasladar los actos de las autoridades y funcionarios a la concreta Administración a la que sirven.

iii. La teoría de la imputación significa que la personalidad jurídica de la Administración es distinta de la personalidad jurídica de las personas físicas que la integran —esto es, autoridades y funcionarios públicos—. Sin embargo, cuando las autoridades y funcionarios actúan como parte de la Administración Pública no pierden su personalidad, pero gracias a la teoría de la imputación se entiende que sus actuaciones se atribuyen a todos los efectos a la propia Administración, por lo que se considera jurídicamente realizada por ésta, imputándose al órgano desde el que actúan.

Para que la actuación de un funcionario sea imputable a la Administración, es necesario que éste actúe en el ejercicio de sus funciones. *Sensu contrario*, los daños que los funcionarios ocasionen en su vida privada no son imputables a la Administración.

Esta teoría se encuentra matizada jurisprudencialmente, principalmente, en aquellos casos que los miembros de las Cuerpos de Seguridad producen daños con su arma reglamentaria fuera de servicio. En estos supuestos, el Tribunal Supremo ha interpretado que la Administración ha creado un riesgo al permitir que el policía lleve el arma reglamentaria[34].

Por su parte, la imputación jurídica del daño es muy sencilla cuando estamos ante una responsabilidad objetiva como la que promulga la Ley 40/2015. Cuando se parte de esa hipótesis, la imputación no plantea mayores problemas porque el requisito para que surja la responsabilidad patrimonial no es la culpa o negligencia, sino la existencia de un daño antijurídico (Alcolea Azcárraga, 2022).

No obstante, cuando la Administración emplee algoritmos no consideramos adecuado partir de una responsabilidad objetiva pura y simple, sino que debe concurrir algún tipo de culpa o negligencia o tratarse de un funcionamiento anormal, en línea con lo expuesto anteriormente. Esta premisa está relacionada con el hecho de que un algoritmo perfectamente diseño puede generar sesgos por sí mismo.

La imputación en el caso de daños causados por sistemas de IA deberá atender al (*i*) grado de control y (*ii*) al grado de autonomía del sistema de IA. Es decir, "cuanto mayor sea la capacidad de aprendizaje o la autonomía y cuanto más larga haya sido la 'formación' [...] mayor debiera ser la responsabilidad de su formador", según el Informe del Parlamento Europeo

---

34 Sentencia del Tribunal Supremo 6391/2001, de 19 de julio (TOL67.663).

con recomendaciones destinadas a la Comisión sobre normas de Derecho civil sobre robótica (2015/2103(INL), de 27 de enero de 2017. Si bien no debe confundirse este entrenamiento de la máquina con su capacidad para aprender de modo autónomo.

El problema se plantea cuando el sistema debe tomar decisiones que no han sido preprogramadas. Ya hemos visto que este escenario no existe en la actualidad pero, tal y como sostiene el Parlamento Europeo en sus Recomendaciones de normas de Derecho civil sobre robótica, debemos determinar previamente el grado de autonomía de la máquina para establecer regímenes de responsabilidad. Cuanto mayor sea su grado de autonomía, más difícil será considerarlos como simples instrumentos en manos de otros agentes.

El Parlamento Europeo en sus Recomendaciones sobre normas de Derecho civil sobre robótica define la autonomía de un robot como (Considerando AA):

> "la capacidad de tomar decisiones y aplicarlas en el mundo exterior, con independencia de todo control o influencia externos; que esa autonomía es puramente tecnológica y que será mayor cuanto mayor sea el grado de sofisticación con que se haya diseñado el robot para interactuar con su entorno" (Considerando AA).

Y, en este sentido, considera que cuanto mayor sea el grado de autonomía un robots más difícil será considerarlos como simples instrumentos en manos de otros agentes (como el fabricante, el operador, el propietario, el usuario, etc.); lo que cuestionaría si la normativa general sobre responsabilidades suficiente o si se requieren normas y principios específicos al respecto para resolver los supuestos de actuaciones de los robots que no pueden atribuirse a un agente humano concreto o si podrían haberse evitado (Considerando AB). Dicha autonomía de los robots plantea la cuestión de cuál es la naturaleza jurídica de los robots y si es preciso elaborar una nueva categoría (Considerando AC).

No obstante, debemos advertir que el control como criterio de imputación de la responsabilidad tiene sentido cuando los humanos tienen el control sobre los sistemas automatizados, pueden actualizar y mejorar la tecnología o, cuanto menos, tienen la capacidad de desactivarlos si lo consideran preciso. Cuando no es posible realizar ninguna de estas acciones, no es posible aplicar el criterio del control.

Por ello, el daño será imputable a la Administración en la medida en que ésta haya tenido algún tipo de control sobre el algoritmo y puede probarse que no ha aplicado las garantías suficientes, eludiendo los controles *ex ante* y *ex post* y la supervisión humana que debe regir en este ámbito, además de las garantías impuestas por las Directivas sobre responsabilidad civil.

6.3.2. Ausencia de fuerza mayor

Finalmente, es posible que el daño haya sido causado por caso fortuito o fuerza mayor.

La fuerza mayor es un concepto que proviene del ámbito civil y tiene dos características fundamentales: su imprevisibilidad y su inevitabilidad[35]. Ni la Ley 39/2015 ni la Ley 40/2015 definen la fuerza mayor en el ámbito de la responsabilidad patrimonial. El artículo 34 de la Ley 40/2015 se refiere de forma indirecta a la fuerza mayor cuando reconoce que no son in-

---

35 Sentencia del Tribunal Supremo 4106/1995, de 11 de julio (TOL187.355), que reconoce que "el concepto de fuerza mayor, aplicable en el supuesto del art. 40 LRJAE y por ende del art. 106 CE, se define por dos notas fundamentales cuales son el ser una causa extraña exterior al objeto dañoso y a sus riesgos propios, imprevisible en su producción y absolutamente irresistible o inevitable aun en el supuesto de que hubiera podido ser prevista".

demnizables los daños que "se deriven de hechos o circunstancias que no se hubiesen podido prever o evitar según el estado de los conocimientos de la ciencia o de la técnica existentes en el momento de producción de aquéllos". La fuerza mayor actúa con carácter exoneratorio.

La jurisprudencia conceptúa la fuerza mayor en el ámbito administrativo igual que en el ámbito civil y la define como un "acontecimiento imprevisible, inevitable y que tiene en su origen una fuerza irresistible extraña al ámbito de actuación del agente"[36].

En el mismo sentido, el Consejo de Estado considera que la fuerza mayor es una causa excluyente y dispensadora de responsabilidad y la define como "aquel suceso que está fuera del círculo de actuación del obligado, que no hubiera podido preverse o que previsto fuera inevitable, que haya causado un daño material y directo que exceda visiblemente los accidentes propios del curso normal de la vida por la importancia y trascendencia de la manifestación" (entre otros, en los Dictámenes del Consejo de Estado de 19 de diciembre de 2019, expediente 1076/2019 y Dictamen de 14 de noviembre de 2019, expediente 874/2019).

En consecuencia, la fuerza mayor ha de ser evaluada en función de elementos objetivos y subjetivos, según el Consejo de Estado:

i. El elemento objetivo se refiere a la concurrencia de circunstancias imprevisibles e inevitables; y

ii. El elemento subjetivo, como hemos visto, se refiere a la obligación del administrado de desplegar la suficiente diligencia del administrado, ya que las circunstancias ob-

---

36 Entre otras, Sentencias del Tribunal Supremo 1296/1998, de 26 de febrero (TOL1.714.962).

jetivas "no habrían podido ser evitadas ni siquiera por quien obrara con la mayor diligencia exigible salvo mediante sacrificios excesivos".

A diferencia de otros ámbitos, como el contractual, no existe un *numerus clausus* respecto a las causas exoneratorias de fuerza mayor, por lo que ha sido la jurisprudencia la encargada de distinguir la fuerza mayor del caso fortuito en función de la interioridad y la imprevisibilidad del suceso.

La aplicación de la anterior doctrina al uso de la IA supone que la fuerza mayor o el caso fortuito solo se darán cuando las decisiones automatizadas sean fruto de una IA fuerte, una IA que actúa por sí misma y cuyas consecuencias son impredecibles. No obstante, estas decisiones deberían estar mediatizadas por la inteligencia humana (ya hemos visto que se exige un control *ex post*). Por tanto, las actuaciones administrativas automatizadas no estarán integradas en el concepto de fuerza mayor, porque no concurrirán las circunstancias imprevisibles e inevitables requeridas. Por tanto, la regla general en el escenario actual, será la ausencia de fuerza mayor o de caso fortuito.

7. LA RESPONSABILIDAD POR RIESGOS DESCONOCIDOS COMO POSIBLE CAUSA DE EXONERACIÓN DE LA ADMINISTRACIÓN PÚBLICA

A lo largo de esta investigación, hemos advertido que los algoritmos pueden llegar a adoptar decisiones por sí mismos y generar decisiones de forma autónoma, fruto de su capacidad de autoaprendizaje. Los algoritmos pueden llegar a conclusiones que no estuvieran previstas ni siquiera por sus programadores por lo que, quizás, sean imprevisibles según el estado de la ciencia y de la técnica.

El ritmo trepidante al que evoluciona la tecnología puede dar lugar a situaciones dañosas nuevas. El problema es que en el presente no disponemos de conocimientos científicos o técnicos sobre los potenciales daños que puede generar la IA. Tampoco se conocen los efectos que puede generar a largo plazo. La situación de incertidumbre en la que nos encontramos se engloba en el concepto de "sociedad de riesgo" (Beck, 1986).

En consecuencia, debemos plantearnos la posibilidad de aplicar la circunstancia exoneratoria según la cual la Administración no responderá de los "daños que se deriven de hechos o circunstancias que no se hubiesen podido prever o evitar según el estado de los conocimientos de la ciencia o de la técnica existentes en el momento de producción de aquéllos" (artículo 34.1 *in fine* de la Ley 40/2015).

Esta circunstancia exoneratoria se introdujo por primera vez en la Directiva 85/374/CEE, de 25 de julio de 1985, sobre responsabilidad civil por los daños ocasionados por productos defectuosos. Uno de los motivos que dio lugar al retraso en la aprobación de la Directiva fue la falta de consenso sobre la introducción de los riesgos del desarrollo. Francia, Bélgica, Dinamarca, Grecia, Irlanda y Luxemburgo eran favorables a que no se exonerara la responsabilidad del productor. Italia, Holanda y el Reino Unido mantuvieron la postura contraria. En 1985 se llegó a un acuerdo por el que se recogieron los riesgos del desarrollo como causa de exoneración de la responsabilidad del productor (art. 7 (e.), pero se deja la posibilidad a los Estados miembros para que en su legislación no se impida la responsabilidad, artículo 15.1. Es decir, la norma comunitaria permite que los Estados miembros eliminen esta causa de exoneración.

En España, el artículo 140 del Real Decreto Legislativo 1/2007, de 16 de noviembre, por el que se aprueba el texto refundido de la Ley General para la Defensa de los Consumidores y Usuarios y otras leyes complementarias establece:

"1. El productor no será responsable si prueba:

a) Que no había puesto en circulación el producto.

b) Que, dadas las circunstancias del caso, es posible presumir que el defecto no existía en el momento en que se puso en circulación el producto.

c) Que el producto no había sido fabricado para la venta o cualquier otra forma de distribución con finalidad económica, ni fabricado, importado, suministrado o distribuido en el marco de una actividad profesional o empresarial.

d) Que el defecto se debió a que el producto fue elaborado conforme a normas imperativas existentes.

e) Que el estado de los conocimientos científicos y técnicos existentes en el momento de la puesta en circulación no permitía apreciar la existencia del defecto.

2. El productor de una parte integrante de un producto terminado no será responsable si prueba que el defecto es imputable a la concepción del producto al que ha sido incorporado o a las instrucciones dadas por el fabricante de ese producto.

3. En el caso de medicamentos, alimentos o productos alimentarios destinados al consumo humano, los sujetos responsables, de acuerdo con este capítulo, no podrán invocar la causa de exoneración del apartado 1, letra e)".

Es decir, la Ley considera que existen dos sectores sensibles, el sector de los medicamentos y de la alimentación, en los que se afirma la responsabilidad del fabricante a pesar de que el estado de los conocimientos científicos y técnicos en el momento de la puesta en circulación del producto no pudiera apreciarse la existencia de un riesgo. Frente a esta excepción, la Administración Pública goza de una exoneración total frente a este tipo de riesgos.

Esta diferencia ha dado lugar a numerosas críticas doctrinales, ya que se entiende que el daño producido en la sanidad pública y en la sanidad privada debería ser resarcido de la misma manera. No obstante, si un administrado sufre un daño en la sanidad pública como consecuencia de un medicamento defectuoso, se topará con la exoneración de la Administración. En cambio, si el mismo daño se produce en la sanidad privada, el fabricante no podrá acogerse a ninguna exención y deberá responder conforme a lo previsto en la normativa de consumo.

Los riesgos del desarrollo delimitan el ámbito de responsabilidad de daños por productos y dan lugar a la exoneración de la responsabilidad cuando "el desarrollo científico y tecnológico posterior a la puesta en circulación en el mercado de su producto permite descubrir que era defectuoso y que su uso ha venido causando daños entre los consumidores" (Parra Lucán, 1990).

En el ámbito de la Administración Pública, los riesgos del desarrollo fueron interpretados por primera vez en la Sentencia del Tribunal Supremo de 31 de mayo de 1999[37]. El Tribunal Supremo indica que "el 'estado de los conocimientos de la ciencia o de la técnica existentes' no es estado de la legislación, pues es sabido que ésta –la legislación, el derecho positivo– va siempre detrás de los hechos, hasta el punto de que no es infrecuente que se modifique un texto legal para adaptarlo al progreso técnico [...]"[38]. La doctrina de esta Sentencia puede resumirse en los siguientes puntos:

---

37 Sentencia del Tribunal Supremo 3815/1999, de 31 de mayo (TOL1.715.717).

38 La Sentencia 3815/1999, de 31 de mayo (TOL1.715.717) concluye que: "En consecuencia, lo mismo la ciencia que la técnica, en su "avance" constante, pasan por diversos "estados" cuyo conocimiento puede obtenerse de una manera diacrónica –analizando la serie completa de esos distintos "estados"– o sincrónica –estudiando un "estado" determinado, la situación de la ciencia, o de la técnica, en un momento dado. En cualquier caso, hay que tener presente siempre que en el saber teórico –que es lo distintivo de

i. La Administración deberá probar la insuficiencia de estudios científicos. El estado de la ciencia deberá probarse por estricta aplicación de las reglas de la carga de la prueba.

ii. No se trata del estado de la legislación. No es posible alegar que no existe una regulación aplicable al caso.

iii. En el caso examinado por el Tribunal Supremo, relativo a la transmisión de hepatitis, se interpretó que no había fuerza mayor ni antijuridicidad de la lesión.

No obstante, la doctrina disiente sobre la adecuación de este régimen:

i. Algunos autores como García de Enterría y Fernández (2000) reconocen que sería más adecuado establecer un régimen de aceptación. Estos autores se refieren a los daños "que se producen y deben por ello ser soportados por quienes aceptan voluntariamente los riesgos inherentes a la intervención de la que resultan".

ii. Según Martín Rebollo (2018) en un Estado democrático, la aceptación y asunción del riesgo pasa necesariamente por su aprobación mediante una Ley en el Parlamento.

---

la ciencia respecto de la técnica– hay distintos niveles, porque las teorías están ordenadas jerárquicamente, de manera que hay teorías que dirigen –y engendran– otras teorías. Una teoría de teorías es lo que, utilizando un lenguaje filosófico, se llama "paradigma", que es tanto como decir teoría matriz, teoría capaz de generar otras teorías. Y tan cierto es esto que el descubrimiento de un nuevo paradigma [...], o la sustitución de un paradigma por otro –abandono de la teoría geocéntrica y subsiguiente conversión a la teoría heliocéntrica, en astronomía– produce una verdadera revolución "científica", obligando a reescribir los manuales al uso. Como se ve, no son pocos ni fáciles los problemas que tendrán que abordar los tribunales de justicia a la hora de afrontar la interpretación del nuevo sintagma que aparece en el nuevo artículo 141.1, inciso segundo, LRJPA, haciendo patente algo que antes sólo estaba sobreentendido".

iii. El artículo 32 de la Ley 40/2015 da una solución unánime a todos los sectores, a pesar de que los riesgos del desarrollo se excluyeron de la responsabilidad administrativa a raíz de los daños producidos por la transmisión del SIDA mediante transfusiones con sangre contaminada cuando se desconocían sus características, vías de transmisión y hasta su existencia misma, como hemos visto anteriormente (Martín Rebollo, 2018). La solución para este caso singular se ha convertido en la solución general para todos los riesgos que puedan resultar desconocidos. La Ley 40/2015 debería distinguir las soluciones otorgadas en función del ámbito en el que se ha producido el daño. Consideramos que no es una solución adecuada para el uso de la IA y los algoritmos.

iv. La solución adoptada por la Ley 40/2015 da lugar a que el conocimiento se alcance produciendo daños, sin que el causante del daño deba responder por el mismo. Es decir, el interés general en el conocimiento científico reconocido por el artículo 44.2 de la Constitución se alcanza a costa del daño que las víctimas sufren, sin ningún tipo de compensación.es

v. Por otra parte, resulta indiferente el hecho de que la Administración actúe sin ánimo de lucro, a diferencia del sector privado. Sin embargo, a los perjudicados por una actuación de la Administración, les es indiferente el ánimo —lucrativo o no— con el que actúa el sujeto dañoso. López Menudo (1999) añade que:

"hay que insistir en que esa puesta en riesgo, consustancial a todo lo nuevo, que conlleva la dación y gestión de los bienes del desarrollo, puede la Administración adoptarla con toda resolución, precisamente por la legitimidad que le confiere el hecho de servir a los intereses generales, sin aprovechamiento ni lucro [...] porque cuando ésta aplica la ciencia o la tecnología, con sus riesgos siempre subyacentes, lo hace en puro beneficio de los ciudadanos".

Es decir, la Administración siempre actúa en beneficio de los ciudadanos y, de hecho, el régimen de responsabilidad está establecido para aquellos casos en los que, precisamente obrando para hacer el bien, produce daños a los ciudadanos.

vi. Otra línea interpretativa argumenta que este artículo apenas se aplica, ya que se proyecta hacia el futuro y es imposible determinar a día de hoy cuáles van a ser los presupuestos que darán lugar a responsabilidad. El problema estriba en probar que los efectos dañosos eran improbables o inevitables según el estado de los conocimientos científicos.

Otra interpretación equipara la responsabilidad por riesgos desconocidos a las dos circunstancias eximentes contempladas en el régimen de la responsabilidad patrimonial de la Administración: (*i*) la fuerza mayor y (*ii*) la ausencia de antijuridicidad. Es decir, el hecho de que sea un riesgo desconocido se acabaría reconduciendo a alguno de los dos supuestos mencionados. Sin embargo:

i. No es posible equiparar los riesgos del desarrollo a la fuerza mayor porque se trata de conceptos que parten de diferentes premisas. La fuerza mayor alude a las fuerzas de la naturaleza, mientras que los riesgos del desarrollo se ubican en la órbita de la decisión humana. La fuerza mayor se ubica se caracteriza por su externalidad y así ha sido confirmada por las primeras Sentencias del Tribunal Supremo en materia de riesgos desconocidos.

ii. Así ha sido reconocido por la doctrina (González Pérez y González Navarro, 1999):

"la fuerza mayor, consiste, según la doctrina dominante, en un acontecimiento que tiene lugar ex post facto, que es de naturaleza externa y que, por lo tanto, ocurre más allá de la esfera de control del afectado. Se trata de 'acontecimientos ajenos al responsable', en el sentido de quedan fuera de su ámbito de control".

iii. Además, más allá de la internalidad o la externalidad, la distinción entre fuerza mayor y riesgo desconocido se sitúa en el conocimiento; es decir, aunque no se disponga de todo el conocimiento de los riesgos de la técnica, la implantación y aplicación de las tecnologías que los generan forma parte de una decisión humana, consciente de que pueden generarse daños que no son conocidos en el momento en que se implementan esas tecnologías.

iv. Tampoco es posible equiparar los riesgos del desarrollo a la ausencia de antijuridicidad, porque se trata de circunstancias distintas. Un daño puede ser antijurídico –que el administrado no tenga obligación de soportar– y, por otra parte, podría provenir de la fuerza mayor.

Lo expuesto hasta este momento nos lleva a negar la aplicación de esta circunstancia exoneratoria en la toma de decisiones automatizadas.

En primer lugar, porque los algoritmos no entrañan un riesgo del desarrollo *per se,* sino que su actuación autónoma y su aprendizaje son los que podrían llegar a ser desconocidos según el estado de la ciencia y de la técnica. Es decir, la Administración debe conocer tanto los datos que emplea la IA como el algoritmo empleado.

Además, para que pudiera hablarse de un estado de la ciencia y de la técnica desconocidos, debería estar empleando IA fuerte. Esto no es descartable a largo plazo pero, en la actualidad, la IA que puede emplear la Administración Pública es IA débil, esto es, algoritmos para tareas concretas.

CAPÍTULO 3.

Los parámetros de utilización de la IA como elemento modulador de la responsabilidad

El respeto a las garantías como presunción *iuris tantum* de ausencia de culpa

En vista de lo expuesto hasta ahora, podemos concluir que la Administración no responderá de forma objetiva cuando emplee algoritmos, sino que el funcionamiento anormal de los servicios públicos será el título de imputación en la toma de decisiones automatizadas.

Podremos hablar de funcionamiento anormal cuando la Administración no haya respetado las garantías básicas del procedimiento que, aunque han sido desarrolladas en Capítulos anteriores, se sintetizan aquí por su conexión con la responsabilidad patrimonial analizada (Alcolea Azcárraga, 2022):

i. Motivación. El acto administrativo, aunque provenga de una decisión automatizada, debe ser motivado. La justificación debe ser comprensible para el ciudadano, igual que en la emisión de cualquier acto administrativo en el que no se hayan empleado algoritmos.

ii. Transparencia. Si los administrados pueden acceder a los algoritmos utilizados por la Administración, no se encontrarán en situación de indefensión frente a ellos. No obstante, acceder al código fuente no significa necesariamente que el acto se haya adoptado sin vulnerar los derechos de los ciudadanos, pero es una señal de diligencia administrativa encomiable.

iii. Control *ex ante.* Antes de escribir el código fuente, debe integrarse en el software todo aquello que sea necesario para permitir el control y certificación del mismo cuando el algoritmo se encuentre en funcionamiento. Es decir, el algoritmo debería contar con “ventanas” que faciliten una auditoría plena y que acrediten que el sistema funciona adecuadamente. García sostiene que es tecnológicamente posible “generar balizas encriptadas que permitan certificar la regularidad del procedimiento (que el software ha aplicado determinadas reglas a determinados datos para obtener determinados resultados). Esas balizas mantendrían en secreto los elementos certificados hasta que fuera necesario revelar su contenido al tercero independiente”[1].

iv. Reserva de humanidad. La toma de decisiones automatizadas debe ir sucedida de un control humano *ex post.* Las decisiones del algoritmo no deben ser aplicadas directamente en las relaciones de la Administración con los ciudadanos.

v. Limitación de su uso en potestades discrecionales. Finalmente, aunque algunos autores como Alcolea proponen que no se utilicen los algoritmos en las potestades discrecionales, consideramos que es más eficiente que se refuercen los controles *ex ante* y *ex post* en estas decisiones pero que sí que se puedan utilizar.

Junto a ellas, conviene tener en cuenta las obligaciones impuestas por la Ley de IA a los responsables del despliegue, en

---

1 GARCÍA HERRERO, J., “Control de Algoritmos. Los Siete Principios de la ACM” Blog de Jorge García Herrero. 3 de marzo de 2017 <https://jorgegarciaherrero.com/control-de-algoritmos-los-siete-principios-de-la-acm/> [Consulta: 13 de mayo de 2024]

este caso, la Administración Pública. El artículo 26 de la Ley de IA obliga a lo siguiente:

i. Los responsables del despliegue de sistemas de IA de alto riesgo adoptarán medidas técnicas y organizativas adecuadas para garantizar que utilizan dichos sistemas con arreglo a las instrucciones de uso que los acompañen (apartado 1).

ii. Los responsables del despliegue encomendarán la supervisión humana a personas físicas que tengan la competencia, la formación y la autoridad necesarias (apartado 2). A esta obligación nos hemos referido anteriormente como control *ex ante* y control *ex post*.

iii. El responsable del despliegue se asegurará de que los datos de entrada sean pertinentes y suficientemente representativos en vista de la finalidad prevista del sistema de IA de alto riesgo, en la medida en que ejerza el control sobre dichos datos (apartado 4).

iv. Los responsables del despliegue vigilarán el funcionamiento del sistema de IA de alto riesgo basándose en las instrucciones de uso y, cuando proceda, informarán a los proveedores. Cuando los responsables del despliegue tengan motivos para considerar que utilizar el sistema de IA de alto riesgo conforme a sus instrucciones puede dar lugar a que ese sistema de AI presente un riesgo, informarán, sin demora indebida, al proveedor o distribuidor y a la autoridad de vigilancia del mercado pertinente y suspenderán el uso de ese sistema. Cuando los responsables del despliegue detecten un incidente grave, informarán asimismo inmediatamente de dicho incidente, en primer lugar, al proveedor y, a continuación, al importador o distribuidor y a la autoridad de vigilancia del mercado pertinente (apartado 5). Estas obligaciones de información son especialmente relevantes en el caso del uso de la IA, para que la Administración Pública se pueda exonerar de responsabilidad en el caso de que el error no sea imputable a la misma.

v. Antes de poner en servicio o utilizar un sistema de IA de alto riesgo en el lugar de trabajo, los responsables del despliegue que sean empleadores informarán a los representantes de los trabajadores y a los trabajadores afectados de que estarán expuestos a la utilización del sistema de IA de alto riesgo (apartado 7).

vi. Los responsables del despliegue de sistemas de IA de alto riesgo que sean autoridades públicas o instituciones, órganos y organismos de la Unión cumplirán las obligaciones de registro de la Ley de IA (apartado 8).

En este apartado, se desarrollarán las exigencias desde el punto de vista formal del procedimiento administrativo incluyendo, además de la motivación y la publicidad, los principios establecidos en el artículo 23 de la Ley 15/2022: transparencia, minimización de riesgos y rendición de cuentas.

2. LA MOTIVACIÓN DEL ACTO ADMINISTRATIVO

En el ámbito del Derecho administrativo, resulta fundamental la obligación de motivación de los actos (artículo 35 de la Ley 39/2015). El Tribunal Constitucional considera que la motivación es un riguroso requisito del acto restrictivo de derechos, de los que se separen del criterio seguido en actuaciones precedentes, los que se dicten en ejercicio de potestades discrecionales, etc[2].

---

2 Cfr. Sentencias de la Sala Primera del Tribunal Constitucional 26/1982, de 17 de julio, BOE n.º 193, de 13 de agosto de 1981 (Referencia: ECLI:ES:TC:1981:26), 8/1992, de 2 de enero, BOE n.º 38, de 13 de febrero de 1992 (Referencia: ECLI:ES:TC:1992:8), 52/1995, de 23 de febrero, BOE n.º 77 de 31 de marzo

La motivación está directamente con los principios del Estado de Derecho (artículo 1.1 de la Constitución) y con el ejercicio de las potestades por parte de la Administración (artículo 103 de la Constitución y 3.1 de la Ley 40/2015). La motivación ha sido definida por el Tribunal Supremo como[3]:

> "[...] Un derecho subjetivo público del interesado no sólo en el ámbito sancionador sino en todos los sectores de la actuación administrativa: la Administración ha de dar siempre y en todo caso, razón de sus actos, incluso en el ámbito de su potestad discrecional, cuyos elementos reglados (competencia, adecuación a los fines que la legitiman, etc.), cuyos presupuestos, y cuya sujeción a los principios generales son aspectos o facetas que son siempre controlables".

Esto es, se trata de una garantía formal, que se traslada a la actuación administrativa automatizada, aunque con dos matices:

i. El problema cuando nos encontramos ante una actuación administrativa automatizada es que las máquinas no pueden emitir declaraciones de voluntad propiamente dichas ni formular declaraciones de voluntad, de juicio, de conocimiento o de deseo (Alamillo y Urios, 2011).

ii. Por otra parte, ni la Ley 39/2015 ni la Ley 40/2015 reconocen que los actos dictados mediante algoritmos deban motivarse. Sin embargo, entendemos que las previsiones del artículo 35 de la Ley 40/2015 se extienden también a las actuaciones administrativas automatizadas, puesto que no dejan de ser actos administrativos.

---

de 1995 (Referencia: ECLI:ES:TC:1995:52) y 46/2014, de 7 de abril, BOE n.º 111 de 7 de mayo de 2014 (Referencia: ECLI:ES:TC:2014:46), entre otras.

3 Sentencia de la Sala de lo Contencioso-Administrativo del Tribunal Supremo 8073/2002, de 3 de diciembre. TOL1.717.774.

La motivación en el caso de las actuaciones administrativas automatizadas supone explicar el proceso lógico que conduce a la adopción de la decisión. La motivación es la explicación transparente —y sucinta— del proceso lógico que conduce a la adopción del acto. Esta motivación se incluye en el propio acto o en algún medio puesto a disposición del administrado (Zamora, 2021).

Urios y Alamillo (2011) han considerado que la exigencia de motivación supone en este caso:

> "La necesidad de codificar y poder reconstruir, para cada caso singular, las reglas lógicas – ya hemos visto que en una aproximación híbrida, con la aplicación de un método integrado por la lógica de predicados de primer orden, por las lógicas modales, deóntica y refutable aplicables, y por la lógica descriptiva en cuanto a la representación del dominio de conocimiento jurídico – que han sido aplicadas en el acto administrativo automático singular".

El Consejo de Estado italiano —equiparable a la Sala Tercera del Tribunal Supremo español— ha sido pionero al definir también la exigencia de motivación de los actos administrativos automatizados, en dos Sentencias relativamente recientes. En la Sentencia de 13 de diciembre de 2019 considera que la aplicación de los algoritmos requiere "el pleno conocimiento del módulo utilizado y de los criterios aplicados"[4]. En esta resolución, indica los extremos a los que se extiende la motivación:

i. Los autores del acto;

ii. El procedimiento utilizado para su elaboración;

---

[4] Sentencia del Consejo de Estado italiano n.º 8472, de 13 de diciembre de 2019. NRG: 201902936. Traducción al español: DE LA SIERRA MORÓN, S., "Control judicial de los algoritmos: robots, administración y estado de derecho" en Derecholocal.es Lefebvre. 12 de mayo de 2021 <https://derecholocal.es/opinion/control-judicial-de-los-algoritmos-robots-administracion-y-estado-de-derecho> [Consulta: 13 de mayo de 2024]

iii. El mecanismo de decisión;

iv. Las prioridades asignadas en el procedimiento de evaluación y toma de decisiones;

v. Y los datos seleccionados como relevantes.

Todo ello permitirá verificar que los criterios del procedimiento cumplen con las prescripciones de la Ley y el administrado pueda cuestionar el resultado alcanzado.

En la Sentencia de 8 de abril de 2019 (sentencia n.º 2270), el Consejo de Estado italiano también se enfrentó a la denuncia de la infracción del principio de motivación con ocasión de un concurso de provisión de puestos de trabajo de personal docente. Los recurrentes consideraron que el algoritmo no había tenido en cuenta las preferencias incorporadas en la solicitud, ni en cuanto al nivel educativo (educación primaria o educación secundaria) ni tampoco la zona geográfica de destino. El recurso fue desestimado en primera instancia, pero el recurso de apelación presentado por los recurrentes ha sido estimado por el Consejo de Estado italiano. Además, este órgano ha establecido las reglas de aplicación de las decisiones automatizadas. En primer lugar, "la regla técnica que gobierna cualquier algoritmo no deja de ser en cualquier caso una regla administrativa general"[5]. Las consecuencias de esta regla son las siguientes (De la Sierra Morón, 2021):

i. Las decisiones automatizadas se rigen por los principios generales de la actividad administrativa, que incluyen, además de la motivación, la publicidad, la transparencia, la razonabilidad y la proporcionalidad.

---

[5] Sentencia del Consejo de Estado italiano n.º 2270, de 8 de abril de 2019. NRG 201704477. Traducción al español: DE LA SIERRA MORÓN, S., "Control judicial de los algoritmos: robots, administración y estado de derecho", op.cit.

ii. La Administración ha de velar por los intereses en presencia, y debe probar, actualizar y perfeccionar el algoritmo, especialmente en el caso del aprendizaje profundo. En este último caso, el algoritmo puede empezar a tomar decisiones que no estaban previstas por el programador inicialmente, por lo que la Administración debe ser especialmente cautelosa al revisar los resultados que arroja la máquina.

iii. Desde el punto de vista del control judicial, el algoritmo se considera como un acto administrativo informático y el órgano judicial ha de poder evaluar la corrección del proceso automatizado.

Consideramos que la motivación debe incluir también la acreditación de que el algoritmo empleado ha superado las correspondientes auditorías que verifican su adecuado funcionamiento (Zamora, 2021). El artículo 41 de la Ley 40/2015 reconoce que debe existir una "auditoría del sistema de información y de su código fuente".

Por otra parte, la motivación puede insertarse en el propio acto administrativo o en los informes incorporados en el procedimiento administrativo. El artículo 88.6 de la Ley 40/2015 establece que "la aceptación de informes o dictámenes servirá de motivación a la resolución cuando se incorporen al texto de la misma". Esta motivación por remisión ha sido aceptada por la jurisprudencia[6].

---

6 Por todas, la Sentencia de la Sala de lo Contencioso-Administrativo del Tribunal Supremo 1446/2012, de 5 de marzo (TOL2.481.276). El Tribunal Supremo admite la motivación in aliunde, con referencia a su jurisprudencia anterior, en los siguientes términos: "El contenido mínimo de la motivación depende del «juicio de suficiencia» exigido por el caso concreto en el que se integre. Ello implica, que bastará cualquier motivación, por sucinta que sea, que expliop.cite los elementos fácticos y jurídicos que constituyan las premisas del lacto a motivar; de tal manera que éste aparezca como la con-

Es decir, el acto administrativo de que se trate no tiene que incorporar obligatoriamente todos los detalles sobre la programación del sistema, pero sí que debería proporcionar la información necesaria para que el administrado pueda localizar estos datos, o bien deberían constar en el expediente o en otras fuentes de información que se encuentren al alcance del interesado (Zamora, 2021).

La falta de motivación del acto determinaría su invalidez. Además, cuando el acto afecta a un derecho fundamental, como el derecho de reunión o los procedimientos sancionadores, la motivación tiene alcance constitucional y determinaría un vicio de nulidad radical del acto[7].

No obstante lo anterior, esta cuestión debe ser objeto de un tratamiento normativo específico que explicite qué elementos deben incorporarse a la motivación, de qué forma puede motivarse la actuación administrativa automatizada y qué consecuencias tiene la falta de motivación en este caso, entre otros. De esta manera, se incrementa la seguridad jurídica de los interesados (Zamora, 2021).

A la motivación del acto administrativo debe añadirse una nueva variable: ¿qué pasaría si el decisor público ignorase la

---

clusión razonada y razonable de aquéllos [...]Así, por todas, sentencia de 15 de febrero de 1.991 – La Sentencia esta propia Sala de 3-5-2002 , al declarar que: Es sabido que la motivación puede no venir contenida en el propio acto administrativo, sino en los informes o dictámenes que le preceden y sirven de sustento argumental, dado que «...la jurisprudencia, al examinar la motivación de los actos administrativos, no los ha aislado, sino que los ha puesto en interrelación con el conjunto que integra los expedientes, a los que ha atribuido la condición de unidad orgánica, sobre todo en los supuestos de aceptación de informes o dictámenes (motivación "in aliunde"). (SS 11/ marzo/78 , 16/febrero/88 (STS 2/julio/91)

7 Cfr. Sentencia del Tribunal Constitucional 26/1982, de 17 de julio, BOE n.º 193, de 13 de agosto de 1981 (Referencia: ECLI:ES:TC:1981:26).

predicción algorítmica? Un ejemplo sería el supuesto en el que el algoritmo valorase todas las ofertas en un procedimiento de contratación pública y determinase que una empresa tiene un elevado riesgo de quiebra, obteniendo el peor resultado a juicio de la máquina. Si, a pesar de este resultado, se decidiera adjudicar el contrato a esta mercantil, ¿debería indicarse que este acto es contrario al criterio del algoritmo y motivarse con especial intensidad? A estos efectos, el artículo 35 de la Ley 39/2015 no exige la motivación de los actos que se separen del criterio del algoritmo pero sí cuando el acto se separa de actuaciones precedentes o del dictamen de consejos consultivos (artículo 35.1 c) de la Ley 39/2015) (Capdeferro Villagrasa, 2020).

Consideramos que, en este supuesto, si se trata de una decisión discrecional donde el algoritmo es un mero instrumento de apoyo, la motivación siempre resultaría exigible (artículo 35.1 i) de la Ley 39/2015). Si se trata de una actuación administrativa automatizada por encontrarnos ante una potestad reglada, en ese caso, habría que realizar una ponderación del interés público concurrente y motivando especialmente por qué se aparta del criterio del algoritmo.

3. PUBLICIDAD

El artículo 41 de la Ley 40/2015 define la actuación administrativa automatizada como "cualquier acto o actuación realizada íntegramente a través de medios electrónicos por una Administración Pública en el marco de un procedimiento administrativo y en la que no haya intervenido de forma directa un empleado público".

Este precepto no obliga a dar detalles sobre la programación, ni se reconoce el derecho a acceder al código fuente, ni se prevé su publicación a efectos de transparencia. La posibilidad de auditar el sistema de información, el código fuente y la necesidad de identificar a los responsables de supervisión y "a efectos de impugnación" son insuficientes (Boix Palop, 2020).

Esto ha dado lugar a importantes resistencias de la Administración a hacer públicos los códigos fuentes. Véase el ejemplo de la fundación CIVIO explicado *ut supra*.

A pesar de la desestimación de la solicitud de la fundación Civio, en esta investigación se parte de la premisa de que el derecho a una buena administración ampara esta pretensión, ya que incluye (*i*) el derecho a ser oídos antes de que se tome una medida que les afecte desfavorablemente; (*ii*) el derecho de acceder al expediente y (*iii*) el derecho a que las decisiones de la Administración se encuentren motivadas. La aplicación de este principio a las decisiones adoptadas mediante técnicas de IA supone que los ciudadanos deben contar con información sobre su funcionamiento.

4. LA TRANSPARENCIA

4.1. La opacidad del algoritmo: especial mención a las *black boxes* o cajas negras

La transparencia es uno de los principios establecidos por la Ley 15/2022, para el uso de algoritmos por parte de las Administraciones Públicas (artículo 23).

Los algoritmos se caracterizan, en ocasiones, por su opacidad. En los inicios de la IA, los algoritmos se basaban en sistemas expertos en los que los programadores trasladaban al algoritmo las normas y criterios para tomar una decisión, punto por punto y sin que la máquina pudiera desviarse de los criterios introducidos. En la actualidad, los algoritmos se basan en el aprendizaje automático (*machine learning*), que permite que los propios algoritmos aprendan por sí solos e incluso utilicen redes neuronales que emulan el cerebro humano. A día de hoy, los algoritmos funcionan a partir de la relación entre los datos y no tanto sobre la base de una relación causal, por lo que sus resultados son, cada vez, menos trazables y más complejos.

Los agentes artificiales están dotados de cierta autonomía, ya que se rigen por dos tipos de mecanismos: (*i*) por reglas introducidas en ellos y por (*ii*) predicciones que realizan los algoritmos por sí solos mediante el entrenamiento de sus redes neuronales.

El resultado de esta combinación es que en muchas ocasiones el funcionamiento del algoritmo no es trazable. En el caso de modelos simples, la teoría sostiene que se puede reconstruir la cadena de inferencias que lleva a adoptar una decisión, pero debe examinarse la información que llega a cada neurona, sus ramificaciones y los pesos relativos de cada punto de datos. Sin embargo, en el mundo real, la tarea es mucho más complicada porque las redes neuronales funcionan con grandes cantidades de datos, miles de neuronas, millones de conexiones, etc., por lo que determinar las razones matemáticas por las que un algoritmo ha adoptado una determinada decisión resulta todo un reto (Amunátegui Perelló, 2020).

La opacidad de los algoritmos puede estar motivada por causas técnicas, jurídicas u organizativas (Cerrillo i Martínez, 2019):

i. Desde un punto de vista técnico, la opacidad es fruto de la complejidad del algoritmo y de su carácter dinámico. Esta opacidad da lugar a lo que se ha denominado *black box* o caja negra. Las *black boxes* son una característica inherente a la IA que supone que los modelos algorítmicos basados en el aprendizaje automático son inescrutables, es decir, las personas con incapaces de entender de forma íntegra la toma de decisiones mediante IA. Esta incapacidad se predica incluso del humano que diseñó el modelo.

ii. Desde un punto de vista jurídico, la opacidad de los algoritmos se debe a la existencia de normas que limitan el acceso a la información para proteger otros bienes o derechos, como los secretos empresariales, la propiedad intelectual e industrial, la protección de datos personales o la seguridad pública. También puede servir para proteger la confidencialidad o el secreto del proceso de toma de decisiones. El artículo 14.i j) y k) de la Ley 19/2013, de 9 de diciembre, de transparencia, acceso a la información pública y buen gobierno (en adelante, la "Ley de Transparencia") establece, respectivamente, que el derecho de acceso a podrá ser limitado cuando la información suponga un perjuicio para (*i*) el secreto profesional y la propiedad intelectual e industrial y (*ii*) la garantía de la confidencialidad o el secreto requerido en procesos de toma de decisión. Además, es posible que los algoritmos que provengan de empresas privadas estén sometidos a algún tipo de deber de confidencialidad.

No obstante, un sector doctrinal considera que estas razones jurídicas son insuficientes para justificar la no publicación del algoritmo (Martínez Garay, 2018). De hecho, la razón por la que no se publican los algoritmos responde a razones de posibilismo más que a un análisis jurídico riguroso de los límites legales a la publicidad de los algoritmos.

iii. Desde un punto de vista organizativo, es posible que la Administración no cuente información sobre los algoritmos utilizados, bien sea porque el código fuente no está en manos de la Administración o porque ésta no ha formalizado la decisión de utilizar el algoritmo. La opacidad también puede evitar que el conocimiento de los ciudadanos permita eludir la aplicación del algoritmo (Ponce Solé, 2019).

Sin embargo, las actuaciones administrativas automatizadas o el recurso a las predicciones algorítmicas pueden suponer una vulneración del procedimiento administrativo debido, del principio de igualdad e incluso afectar a la legalidad del procedimiento administrativo seguido para tomar una decisión (Gutiérrez David, 2020).

Además, la opacidad de los algoritmos puede acarrear consecuencias muy negativas para la gobernanza inteligente. Si las propias Administraciones desconocen cómo funciona el algoritmo, no podrán rastrear el proceso de toma de decisiones para asegurar que se compadece con las prescripciones de la Ley 39/2015 y 40/2015. Todo ello teniendo en cuenta que la opacidad también puede generar discriminaciones derivadas de los sesgos contenidos en los algoritmos y que no se puedan detectar ni por los funcionarios públicos ni por la ciudadanía (Cerrillo i Martínez, 2019). La opacidad puede dificultar la detección de los sesgos, ya que se necesitará un volumen ingente de decisiones automatizadas para verificar si el algoritmo incurre en algún tipo de discriminación.

4.2. Las obligaciones de transparencia

La Administración debe garantizar la transparencia de los algoritmos. La Ley 40/2015 y la Ley 19/2013, de 9 de diciembre, de transparencia, acceso a la información pública y buen gobierno (en adelante, la "Ley de Transparencia") se han ocupado de regular las obligaciones de transparencia.

La transparencia es una obligación legal que debe cumplir la Administración, de manera que publique información activamente para rendir cuentas y permitir que los ciudadanos ejerzan su derecho de acceso a la información pública (Magro Pedroviejo, 2021).

El artículo 45.4 de la Ley 30/1992 preveía esta obligación en los siguientes términos: "Los programas y aplicaciones electrónicos, informáticos y telemáticos que vayan a ser utilizados por las Administraciones Públicas para el ejercicio de sus potestades, habrán de ser previamente aprobados por el órgano competente, quien deberá difundir públicamente sus características". Sin embargo, la Ley 11/2007 derogó este precepto y eliminó estas obligaciones. Aun así, consideramos que la transparencia de la Administración sigue vigente, como consecuencia de las imposiciones de la Ley de Transparencia. De hecho, el artículo 5 de la Ley de Transparencia reconoce que las Administraciones Públicas "publicarán de forma periódica y actualizada la información cuyo conocimiento sea relevante para garantizar la transparencia de su actividad relacionada con el funcionamiento y control de la actuación pública".

Desde la perspectiva de la protección de datos, Reglamento UE 2016/679 del Parlamento Europeo y del Consejo, de 27 de abril de 2016 relativo a la protección de las personas físicas en lo que respecta al tratamiento de datos personales y a la libre circulación de estos datos y por el que se deroga la Directiva 95/46/CE (Reglamento general de protección de datos), Diario Oficial de la Unión Europea de 4 de mayo de 2016 ("RGPD") incluye una serie de garantías y obligaciones de transparencia, al reconocer el derecho del interesado a (*i*) conocer la "información significativa" sobre la lógica implícita en todo tratamiento automático de datos personales, incluida la elaboración de perfiles, así como la importancia y las consecuencias previstas de dicho tratamiento para el interesado (artículos 13.2.f, 14.2.g, 15.1 h RGPD); (*ii*) obtener intervención humana por parte del responsable y a expresar su punto de vista; y a impugnar la decisión automatizada, incluida la elaboración de perfiles (artículo 22.3 RGPD).

El Real Decreto 203/2021 realiza una pequeña aproximación a las obligaciones de transparencia en todas las actuaciones administrativas y, de hecho, es uno de los cuatro pilares del Reglamento. Sin embargo, este pilar no se materializa en obligaciones concretas.

No obstante, ni el ordenamiento jurídico interno español, ni la Estrategia Nacional de Inteligencia Artificial, ni el RGPD han determinado qué elementos concretos del algoritmo deben publicarse, por lo que el Instituto Alan Turing, junto con la autoridad independiente de Reino Unido en materia de protección de datos (*Information Commisioner's Office*), han interpretado cuál ha de ser el contenido que garantice la transparencia y la trazabilidad del procedimiento seguido por el algoritmo y los datos utilizados por el mismo:

i. Cómo se ha ejecutado y comportado el sistema de IA para tomar una decisión;

ii. Cómo se ha diseñado el sistema. Deben incluirse los *inputs* empleados y la motivación de por qué se han utilizado esas entradas;

iii. El proceso de transformación de los *inputs* en *outputs* por parte del algoritmo, para poder verificar las variables, interacciones y parámetros más significativos del modelo empleado y el peso o influencia de los inputs en la producción de los resultados concretos;

iv. Cómo han influido los componentes técnicos en la lógica de la decisión tomada;

v. En qué medida la lógica subyacente puede ser explicada a los ciudadanos de una manera fácil y comprensible;

vi. En qué medida el algoritmo puede ser interpretado de forma coherente en los resultados;

vii. Qué tipo de herramientas de explicación suplementaria ayudan a explicar la complejidad del sistema y a proporcionar una información comprensible sobre la lógica subyacente.

El Consejo de Transparencia de la Comunidad Valenciana ha declarado el principio de transparencia máxima en su Resolución de 28 de octubre de 2016, y se refiere a la interpretación restrictiva de las causas de inadmisión porque operan como restricciones[8]:

> "Entre los estándares internacionales del derecho de acceso a la información pública destaca especialmente el principio de 'transparencia máxima' en virtud del cual el alcance del derecho a la información debe ser tan amplio como la gama de información y entidades respectivas, así como los individuos que puedan reclamar el derecho".

Según este órgano, las restricciones han de ser mínimas. Esto es, la inadmisión del derecho a la información debe estar especialmente motivada y justificada, habida cuenta de que nos encontramos ante un principio fundamental de la tramitación del procedimiento administrativo.

Hay quien afirma que la complejidad del algoritmo y la dificultad para comprenderlo hacen que resulte indiferente que se publique el algoritmo o no y que bastaría con proporcionar los criterios y orientaciones que se han seguido para diseñar el algoritmo (Annany y Crawford, 2016). Sin embargo, la obligación de transparencia de la Administración no debería quedar enervada por este hecho. Las Administraciones deben realizar una valoración ponderada de las circunstancias que concurren en el supuesto concreto y proceder a dar la máxima difusión posible al algoritmo.

Boix se refiere a la existencia de normas que también son complejas, lo que justifica todavía más su transparencia total, para garantizar que estén a disposición potencial de cualquier

---

8 Resolución del Consejo de Transparencia de la Comunidad Valenciana n.º 20, de 28 de octubre de 2016, expediente n.º 18/2015 <https://conselltransparencia.gva.es/documents/163244115/164790925/Resol.+20%29%2028.10.2016++Soliop.cita+Acceso+informaci%C3%B3n+Expte+municipal+Ayto+Xixona.+%28Expte.+18-2015%29/16ea3ba9-849a-4a90-bb79-372e7a5a99e9> [Consulta: 13 de mayo de 2024].

especialista en la materia y pueda comprender el contenido de la programación y detectar posibles errores en el algoritmo.

Las obligaciones mínimas de transparencia que debe cumplir la Administración Pública en materia de algoritmos incluyen los siguientes elementos (Valero Torrijos, 2019):

i. La transparencia de los algoritmos supone que cualquier persona debe poder acceder al contenido del mismo. El contenido del algoritmo puede conocerse a través de su código fuente, pero también a través de los documentos e informes que contengan una descripción del algoritmo, de los datos que utiliza, de su funcionamiento, de los modelos que utiliza y de los resultados que produce y cómo los produce.

   La publicidad del algoritmo puede realizarse mediante (*i*) su publicación, de conformidad con el artículo 5 de la Ley de Transparencia citado anteriormente o mediante (*ii*) su puesta a disposición a favor de los ciudadanos, ya que el artículo 12 de esta norma prevé que "todas las personas tienen derecho a acceder a la información pública, en los términos previstos en el artículo 105.b) de la Constitución Española, desarrollados por esta Ley".

   Los algoritmos son considerados como "información pública" en los términos previstos en la Ley de Transparencia. Así lo ha entendido la Comissió de Garantia del dret d'accés a la informació pública al resolver la reclamación de un profesor de secundaria al que se le denegó el acceso al algoritmo matemático utilizado para designar a los miembros de los tribunales que corrigen las pruebas de acceso a la universidad. La Resolución de 21 de septiembre de 2016, que estima las reclamaciones acumuladas 123/2016 y 124/2016, resuelve lo siguiente (la traducción al castellano es nuestra):

"Un algoritmo, entendido como 'procedimiento de cálculo que consiste en cumplir una serie ordenada y finita de instrucciones con datos específicos para llegar a la solución del problema planteado' o 'conjunto finito de reglas que, aplicadas de manera ordenada, permiten la resolución sistemática de un problema, que se utiliza como punto de partida en la programación informática' [...] sigue siendo un tipo de información, generalmente expresada en lenguaje matemático o informático (aunque los algoritmos también pueden expresarse de muchas otras maneras, incluidos diagramas de flujo, pseudocódigo y el propio lenguaje natural), que, en la medida en que está en posesión de la administración, constituye información pública a los efectos del artículo 2.b de la Ley de Transparencia [...]".

ii. En segundo lugar, el acceso a la información se puede limitar cuando pueda suponer un riesgo para determinados bienes jurídicos identificados por el legislador en el artículo 14 de la Ley de Transparencia, algunos de los cuales ya han sido mencionados: la seguridad nacional, la seguridad pública, los intereses comerciales, la propiedad intelectual o industrial o la confidencialidad o el secreto en los procesos de toma de decisiones. También puede ser que los algoritmos hayan sido adquiridos a través de un proceso de contratación pública y que el contratista haya declarado su confidencialidad al amparo del artículo 133 de la Ley 9/2017, de 8 de noviembre, de Contratos del Sector Público, por la que se transponen al ordenamiento jurídico español las Directivas del Parlamento Europeo y del Consejo 2014/23/UE y 2014/24/UE, de 26 de febrero de 2014. En cualquier caso, habrá que ponderar los perjuicios que pueda suponer el acceso al código fuente en relación con la información que se ha podido generar durante el proceso de diseño.

No obstante, interesa subrayar que la resolución por la que se deniegue el acceso al algoritmo debe estar motivada, ser proporcionada y ponderar por qué motivo esos intereses han de prevalecer en ese caso concreto (Valero Torrijos, 2019).

iii. Finalmente, el acceso al algoritmo es necesario pero no es suficiente para cumplir con las obligaciones de transparencia. La Administración debe garantizar la comprensión del algoritmo, explicando en qué consiste su programación en un lenguaje sencillo y claro. De hecho, la Ley de Transparencia exige que la información pública sea "comprensible toda la información, de acceso fácil y gratuito y [debe estar] a disposición de las personas con discapacidad en una modalidad suministrada por medios o en formatos adecuados de manera que resulten accesibles y comprensibles, conforme al principio de accesibilidad universal y diseño para todos" (artículo 5.5 de la Ley de Transparencia).

Sin embargo, la transparencia de los algoritmos todavía es un desafío para muchas administraciones públicas. Prueba de ello está la reclamación realizada por 230 académicos e investigadores, que firmaron una carta en la que solicitaron mayor transparencia en la *app* Radar Covid, ya que consideraron que una tecnología con este calado social "precisa de la cooperación de toda la sociedad y para maximizar su utilidad necesita ser descargada y activada por una cantidad sustancial de usuarios". Denuncian que "a día de hoy no se ha publicado ninguna documentación sobre el diseño, sobre su implementación ni sobre el proceso de integración de las comunidades autónomas" (Gonzalo, 2020). Radar Covid no emplea un algoritmo como tal, pero sus razonamientos son plenamente extrapolables al caso que nos ocupa.

También resulta paradigmático de la falta de transparencia, el caso de la reclamación formulada por la Fundación CIVIO solicitando acceder al algoritmo empleado para otorgar el bono social de electricidad. El bono social se encuentra regulado en el Real Decreto 897/2017, que aplica una tarifa eléctrica reducida a consumidores vulnerables. Pues bien, el algoritmo BOSCO, gestionado por empresas privadas, es el que determina si los consumidores con los que contratan tienen o no derecho a este beneficio. En definitiva, decide sobre la concesión del bono social un algoritmo que aplica una empresa privada pero que es propiedad de la Administración (De la Nuez Sánchez-Casado, 2020). Pero conceder el bono social no es una decisión discrecional de dicha empresa: la norma prevé en qué supuestos el consumidor tiene derecho a dicha bonificación así como la forma de solicitarlo. Además la información sobre el consumidor se la proporciona a la empresa privada la propia Administración. Por tanto, no hay margen para que la empresa deniegue el bono a alguien que reúna los requisitos reglamentarios. En este caso, en el que sí que se empleaba un algoritmo, su petición fue denegada porque el Juzgado entendió que el algoritmo estaba protegido por secretos empresariales.

O, por ejemplo, tampoco se publica el algoritmo predictivo VioGen, que se implementó en el año 2007 en cumplimiento de lo dispuesto en la Ley Orgánica 1/2004, de Medidas de Protección Integral contra la Violencia de Género. Este algoritmo recopila información y emite alertas predictivas cuando considera que existe un alto riesgo de incidencia que puede poner en riesgo a una víctima sobre violencia de género. El Ministerio de Interior no ha dado acceso al mismo porque considera que se enmarca en la excepción relativa a la puesta en peligro de la averiguación o persecución de delitos.

Resulta ilustrativo igualmente el Caso Loomis, analizado por la Supreme Court of Wisconsin (*State of Wisconsin v. Eric. L. Loomis,* July 13, 2016,(Reference: 881 N.W.2d 749). Se trata de un ejemplo paradigmático de las excepciones existentes en materia de transparencia. En aquel caso, la compañía que produjo el algoritmo COMPAS, la empresa Northpointe, se negó a entregar la información. Ante esa negativa, Loomis —que, recordemos, había sido detenido por robar un vehículo implicado en un tiroteo— pretendía acceder al algoritmo porque no conocía cómo se habían calculado los riesgos que determinaron que el juez ordenara su ingreso en prisión. Loomis sabía qué información tenía el algoritmo COMPAS sobre él porque él mismo había rellenado el cuestionario, pero no sabía cómo se habían calculado los riesgos sobre la base de la información proporcionada. La Corte de apelación consideró, sin embargo, que no se había violado el derecho a un proceso debido porque Loomis sí que conocía la información empleada por el algoritmo. De este pronunciamiento se derivan tres consecuencias en materia de transparencia, que aunque han sido dictadas en el marco del ordenamiento estadounidense, son plenamente aplicables al ordenamiento español (Urueña, 2019):

i. La protección de la propiedad intelectual en ocasiones es desproporcionada. Según Urueña, en este caso existía un interés público en que el derecho a la tutela judicial efectiva prevaleciera sobre la propiedad intelectual de Northpoine (Urueña, 2019). Sin embargo, el hecho de que se considere que el algoritmo es una base de datos, benefició a la empresa que había desarrollado el programa.

ii. Por otra parte, el código no es la información más importante del algoritmo. Urueña (2019) pone de manifiesto que lo relevante, y que no fue discutido en el seno del Caso Loomis son los datos con los que se entrenó al algoritmo COMPAS. De hecho, aunque la empresa hubiera entregado el código fuente, no se hubieran podido detectar sesgos discriminatorios al calcular el puntaje de predicción de reincidencia.

iii. Finalmente, existe una tercera cuestión vinculada a la anterior y es que los procesos de decisión autónomos exigen que existan patrones de información. Los patrones se hacen reconocibles cuando se analiza una gran cantidad de casos, ya que de esta manera se reconocen las características comunes a todos ellos.

Los patrones pueden llevar ínsitos sesgos discriminatorios. Por ejemplo, un algoritmo que predice las posibilidades de reincidencia, asignará mayor probabilidad de reincidencia a personas que viven en barrios predominantemente pobres, si se ha entrenado con datos históricos de direcciones geográficas de reincidentes.

El ordenamiento jurídico español y europeo son restrictivos en cuanto a las obligaciones de transparencia. De hecho, Boix critica que el hecho de que no se reconozca el carácter normativo de los algoritmos supone que su posible publicación queda sometida a las excepciones del artículo 14 de la Ley de Transparencia (Boix Palop, 2020). No obstante, no sería necesario considerar que los algoritmos son reglamentos si se modificara la legislación en materia de transparencia y se ampliara el alcance de sus previsiones. Valero propone que se incluya no solo el conocimiento del resultado de la programación, sino sobre todo el origen de los datos empleados y la naturaleza y el alcance del tratamiento realizado (Valero Torrijos, 2019).

Por otra parte, los principios regulatorios del Parlamento Europeo son claramente insuficientes, porque proponen mecanismos "complejos y muy profesionales de revisión experta y auditoría pública, [con] cierta tendencia a considerar que el acceso a los códigos fuentes ha de quedar restringido a los poderes públicos, en su caso" (Boix Palop, 2020). Sin embargo, esta solución sería perfecta para el uso de algoritmos por parte del sector privado, pero no para el uso de algoritmos en el sector público.

En consecuencia, la regulación española y europea actual han propiciado que los algoritmos queden sujetos únicamente a las exigencias derivadas de las normas de transparencia.

Estas exigencias son insuficientes y no responden a la realidad actual. Es más, además de las obligaciones de transparencia relacionadas en este apartado, del caso Loomis se desprende que no podemos volcar las obligaciones de transparencia en el algoritmo concebido de forma autónomo, sino que lo relevante es su interacción con la realidad. Se trata de propiciar una transparencia que revele la relación entre el humano y la máquina. Esta concepción, aplicada al caso Loomis, supone que la discusión no es tanto relativa a la publicidad del código o su propiedad intelectual, ni tan siquiera sobre los concretos datos empleados para entrenar al algoritmo.

La discusión debería versar sobre el impacto del algoritmo en la sociedad: ¿tiene un efecto desproporcionado en algún colectivo específico? Para responder a esta pregunta, deben tenerse en cuenta todos los derechos fundamentales implicados (Urueña, 2019). A esto se suma que, conforme la automatización de las Administraciones Públicas vaya creciendo exponencialmente, los problemas de control de los programas que se apliquen los tratamientos automatizados serán cada vez mayores y requerirán un escrutinio cada vez más intenso que sea capaz de definir su trazabilidad.

5. RENDICIÓN DE CUENTAS

La otra cara de la moneda de la transparencia es la rendición de cuentas, que ha sido expresamente reconocida en el artículo 23 de la Ley 15/2022 como uno de los principios a los que se deben sujetar las Administraciones cuando emplean IA en el sector público.

Las Administraciones deberán justificar por qué utilizan la IA para determinados trámites y rendir cuentas de las decisiones tomadas por algoritmos, que deberán estar motivadas. Cuanta más IA se utilice en el seno de la Administración Pública, mayores deberán ser los mecanismos de rendición de cuentas. La rendición de cuentas se puede llevar a través de diferentes medios: (*i*) la difusión de información, (*ii*) la motivación de las decisiones adoptadas, y (*iii*) la auditoría de los algoritmos (Ponce Solé, 2019), que se desarrolla a continuación.

6. LA MINIMIZACIÓN DE SESGOS (I): LA AUDITORÍA ALGORÍTMICA

La minimización de sesgos es uno de los principales retos a los que se enfrentan las Administraciones Públicas y así ha sido reconocido por el artículo 23 de la Ley 15/2022. Para evitar, uno de los mecanismos más efectivos es la realización de auditorías algorítmicas.

En la actualidad, la transparencia y el control externo se exigen solo en las cuestiones que atañen a la economía pública. Una vez sistematizadas las cuentas anuales de las organizaciones y efectuada la rendición de cuentas, se fiscalizan por un órgano de control externo ("OCEX").

La función de fiscalización que realizan los OCEX se define a partir del empleo de principios generales y normas de auditoría pública y se diferencia de la auditoría privada en que (*i*) el auditor es un órgano institucional dotado de autonomía funcional y organizativa y (*ii*) se hace especial énfasis en el cumplimiento de la legalidad. Se trata de un "triángulo de la gestión pública" que une transparencia, contabilidad y control externo. La rendición de cuentas algorítmica debería basarse en este modelo (Viñas Xifra, 2018).

A pesar de las dificultades que entraña la auditoría algorítmica, ya existen algunas empresas que se dedican a esta tarea. Por ejemplo, la empresa "Éticas" ha elaborado una "Guía de Auditoría Algorítmica" en la que ofrece directrices y orientaciones metodológicas para realizar auditorías tanto en el sector público como en el sector privado.

La auditoría algorítmica se compone de varias fases que permiten identificar, anticipar y corregir posibles riesgos que surjan durante el ciclo de vida del algoritmo y los datos tratados. A su vez, esto permite reforzar los mecanismos de responsabilidad y rendición de cuentas y de protección de los derechos de las personas implicadas y, especialmente los derechos fundamentales, como el de igualdad.

La auditoría algorítmica se basa en cuatro principios rectores:

i. Cumplimiento legal y ético: todo algoritmo debe cumplir con las normas jurídicas y deontológicas vigentes. La auditoría del algoritmo debe tener en cuenta el marco jurídico aplicable, además de ser diseñado, implementado y revisado desde una "perspectiva ética, respetuosa con las normas sociales en materia de privacidad, protección de datos, igualdad, cohesión social, libertad y confianza".

ii. Deseabilidad: el algoritmo debe ser siempre preciso, replicable, transparente y justo. Es importante definir el problema o la cuestión que resuelve el sistema auditado, y examinar si la tecnología que se utiliza es la mejor manera de abordarlo. Las soluciones aportadas deben ser lo menos invasivas posible, además de cumplir de forma más eficiente las expectativas y necesidades de los interesados. En este punto, cobra especial importancia el derecho a la igualdad, ya que el hecho de que un algoritmo sea deseable implica que éste no debe incurrir en ningún tipo de discriminación ni impactar de forma perjudicial sobre individuos o grupos vulnerables. El sistema tampoco debe estar sesgado. Por ello, los responsables a cargo del diseño y la implementación de un algoritmo deben contemplar si existe algún factor que pueda incurrir en discriminación.

iii. Aceptabilidad: la aceptabilidad social del algoritmo supone que el sistema auditado debe ser aceptable desde el punto de vista social. Un sistema que afecta a la vida de las personas debe ser comprensible, controlable, sostenible y beneficioso para los interesados. Por ejemplo, los ciudadanos podrían ver con recelo el uso de un algoritmo por parte de la Administración para clasificar los perfiles de los que solicitan una ayuda a los servicios sociales. Esto podría suceder si no se comunica de manera adecuada y transparente su funcionamiento, objetivos y resultados esperados, o bien si estos no son proporcionados o necesarios a ojos de la población. En este sentido, el artículo 13, establece la obligación al responsable de la recopilación y el procesamiento de los datos, de informar de la existencia de decisiones automatizadas, incluida la elaboración de perfiles, y de proporcionar a la persona afectada información significativa sobre la lógica de tratamiento aplicada, así como el calado y las consecuencias previstas de dicho tratamiento.

iv. Protección y gestión adecuada de los datos: la auditoría tiene en cuenta que, a lo largo de todo el ciclo de vida del algoritmo se haya hecho una gestión responsable y adecuada de los datos, que debe responder a los principios establecidos en la normativa de tratamiento de datos.

Así, los datos deben ser de calidad, deben estar actualizados y proceder de fuentes fiables, así como ser proporcionales al objetivo perseguido por el sistema. En cualquier caso, los datos deberían poder ser eliminados y actualizados y deberían cumplir criterios de anonimización adaptados a las especificidades del caso.

La buena calidad de los datos a lo largo de todo el proceso permite el buen funcionamiento del algoritmo y la transparencia hacia los interesados, en particular y hacia el conjunto de la sociedad. Si no se conocen los *inputs* y *outputs*, se corre el riesgo de convertir el algoritmo en una *black box* difícil de auditar.

La auditoría debe tener un carácter cíclico, es decir, la información va completándose en cada una de las etapas y retroalimentándose. Las fases de la auditoría se desarrollan en la siguiente secuencia:

Figura 1. Fuente: ETICAS.

Estudio preliminar	Mapeo	Plan de análisis	Análisis	Informe de auditoría
Partes implicadas Problema nuevo/conocido Intercambio de información Diario de Auditoría.	Grado de desarrollo del sistema Lista de requisitos mínimos Expectativas y principales cuestiones a analizar.	Definición de los términos y plazos de la auditoría Elección de metodología y equipo auditor Consenso del Plan de análisis.	Investigación Ejecución, seguimiento y reajustes del Plan de análisis (si corresponde) Obtención y análisis de resultados.	Interpretación de resultados Conclusiones y valoración final del sistema Recomendaciones de mejora.

El estudio preliminar pretende establecer quién se encarga, lo diseña, lo desarrolla, lo financia y lo implementa. Ya en este momento es posible determinar si la implementación de este algoritmo implica la recopilación o tratamiento de datos personales, en cuyo caso quedaría enmarcado en el ámbito de la normativa de tratamiento de datos.

Por lo que respecta al mapeo de la situación, se trata de una etapa en la que se recopila información básica sobre el algoritmo y el contexto en el que se inscribe y al que afecta. Tiene dos objetivos: (*i*) averiguar si se cumplen los requisitos que permiten que el algoritmo sea auditado[9] y (*ii*) identificar los puntos que se van a analizar en la auditoría. En esta fase

---

9 ETICAS ha elaborado una lista de requisitos para que un algoritmo pueda ser auditado con garantía de calidad. La Administración o empresa que esté siendo objeto de la auditoría algorítmica debe poder proporcionar los siguientes datos:
1. Datos que identifiquen a los encargados y responsables del diseño, desarrollo y la implementación del algoritmo.
2. Fecha de creación del algoritmo y versión del mismo, en el caso de que estemos ante un algoritmo creado a partir de otro.

---

3. Licencia del algoritmo, para determinar si es de propiedad pública o privada y las condiciones del contrato entre el desarrollador y el responsable del uso del algoritmo.
4. Datos sobre la arquitectura del algoritmo.
5. Detalles de referencia y especificaciones sobre el algoritmo, por ejemplo, datos de la retroalimentación del algoritmo.
6. Marco teórico sobre el que se desarrolla el modelo.
7. Marco metodológico y qué metodología se ha utilizado para definir el modelo.
8. Acceso e información sobre el código del algoritmo.
9. Acceso a información sobre la interfaz de programación del algoritmo.
10. Acceso a las bases de datos utilizadas para el desarrollo del algoritmo y para el entrenamiento del algoritmo. La Administración deberá motivar por qué ha utilizado unos datos y no otros, por ejemplo.
11. Categorías de interesados afectados por el algoritmo, incluyendo los grupos involucrados y sus variables identificativas, especialmente, la identificación de los grupos vulnerables.
12. Información sobre el entrenamiento y evaluación del modelo, que incluye la frecuencia y distribución de datos y variables, ñarámetros y criterios aplicados para conseguir la imparcialidad del modelo, etc.
13. Finalidad y usos previstos del algoritmo.
14. Objetivos de uso del algoritmo, esto es, qué se pretende conseguir con el uso del algoritmo.
15. Información sobre las dinámicas, actividades y procesos en los que se integra el sistema, es decir, el equipo con el que trabaja el sistema, los procesos organizacionales, dinámicas internas, etc.
16. Información sobre las responsabilidades de las partes implicadas sobre el funcionamiento del modelo. Se debería proporcionar qué responsabilidad tienen los desarrolladores, los impulsores del sistema. Este esquema de competencias está especialmente relacionado con el concepto de rol relativo al tratamiento de los datos y a la distribución de responsabilidades de cada encargado del tratamiento.
17. Factores condicionantes de la efectividad del sistema, como el contexto socioeconómico, políticas y normas aplicables, etc.

En cualquier caso, ETICAS advierte de que se trata de un listado orientativo y no exhaustivo, que persigue realizar una auditoría de la máxima calidad posible, de manera que si no se proporcionan todos estos datos, es posible que se merme la calidad de la auditoría.

afectará principalmente el grado de desarrollo del algoritmo. El algoritmo puede encontrarse en una fase inicial (en diseño o desarrollo) o puede estar diseñado, evaluado o entrenado; puede estar en fase de funcionamiento o puede ser que el algoritmo ya esté en uso. El proceso de auditoría depende en gran medida del desarrollo del algoritmo, ya que si se encuentra en una fase incipiente se dispondrá de mas información y se podrán introducir más medidas de corrección que si se encuentra más desarrollado.

Las auditorías algorítmicas comprenden una fase centrada en la cantidad y otra fase centrada en la calidad. La fase cuantitativa sirve especialmente para la detección de sesgos. La detección de los sesgos sigue los siguientes pasos:

i. Asignación de datos a grupos, en función del mapeo realizado: en este caso, es posible que los datos se encuentren superpuestos (que concurran en una misma persona varios atributos que podrían dar lugar a un sesgo) o no superpuestos (que solo concurra un atributo). Un ejemplo de la superposición sería “mujer con pocos ingresos” y un ejemplo de no superposición consistiría en ser, simplemente, “mujer”.

ii. Identificación de grupos protegidos: en el contexto de una auditoría, resulta fundamental determinar qué grupos son vulnerables o protegidos, lo que significa que no deben verse desfavorecidos por la aplicación del algoritmo. Por ejemplo, si el algoritmo pretende aumentar la protección de los niños que sufren abuso doméstico, los niños serán un grupo protegido.

iii. Definición de criterios y métricas de análisis: el objetivo consiste en analizar si el algoritmo se comporta correctamente con los grupos identificados, en función de criterios justicia y equidad algorítmica. Se entiende la equidad grupal como el supuesto en el que “un algoritmo no debe producir resultados desventajosos para grupos específicos o vulnerables".

Para analizar si realmente se produce una discriminación, es necesario que existan suficientes elementos definitorios del grupo protegido (edad, sexo, raza, religión y todos los atributos contenidos en el artículo 14 de la Constitución Española), así como que se traten de forma consistente todos los atributos, para evitar que se discrimine de forma individual.

Existen herramientas que permiten evaluar los sesgos, como *Aequitas Bias and Fairness Audit Toolkit*, *AI Fairness 360 Open Source Toolkit* o *Algorithmic Equity Toolikt*, entre otras.

iv. Aplicación de las métricas al análisis de grupos: en esta fase, se aplicarán las métricas a los grupos seleccionados. Entre las métricas que se pueden aplicar destacan, por ejemplo, la ratio de impacto —porcentaje del grupo protegido con resultado positivo divido entre el porcentaje del grupo no protegido con resultado positivo—. Si existe un valor inferior al 80% se considerará que el algoritmo puede ser discriminatorio y se deberá investigar la existencia de un posible sesgo. Por otra parte, las tasas de falsos positivos y falsos negativos es una métrica típicamente utilizada, en el sentido de que un falso positivo es una predicción positiva en la realidad que resulta ser negativa en los resultados algorítmicos. La interpretación de las métricas, como siempre, dependerá del caso de que se trate.

Finalmente, se puede evaluar cómo responde el sistema a datos de entrada distintos de los utilizados para entrenar al algoritmo y a órdenes impuestas por los auditores.

En cualquier caso, igual que ocurre con las auditorías económicas, la Administración deberá hacer públicos los datos de la auditoría. Dado que todavía no se ha impuesto la obligación de auditoría en el sector público, será necesario positivizar la obligación de publicar el informe de auditoría algorítmica.

7. LA MINIMIZACIÓN DE SESGOS (II): LA INTRODUCCIÓN DE CORRECTIVOS

Una de las posibles soluciones a los sesgos del sistema es introducir la equidad en el algoritmo, como hemos visto en sede de auditoría. En primer lugar, habrá que detectar los grupos más vulnerables, aquellos que se desea proteger especialmente. Ahora bien, ¿qué valores deben incorporarse en el modelo para que éste corrija los sesgos generados? Resulta evidente que se trata de una cuestión política y moral. En el ámbito público, los valores tienen que ser los incorporados en la Constitución Española y, más concretamente, en el artículo 14 de la misma (Amunátegui Perelló, 2020).

Uno de los correctivos más sonados ha sido el introducido por Google, conocido como *Machine Learning Fairness.* Este incorpora políticas de no discriminación en la construcción de los algoritmos, para que no reflejen únicamente las prácticas y creencias más extendidas, sino que Google debe arrojar resultados que incluyen las creencias y prácticas de los grupos minoritarios. Uno de los escándalos que dio lugar al correctivo fue el que protagonizó la profesora de Harvard, Latanya Sweeney, que advirtió que, al buscar datos sobre ella misma en Google, la función de autocompletar la conducía a la búsqueda de sus antecedentes penales, aunque nunca había sido detenida. Tras investigar los motivos por los que esto ocurría, detectó que Google era más proclive a mostrar este tipo de resultados en nombres que idiosincráticamente pertenecerían a personas negras, como Latanya o Latisha. Esto no ocurría con nombres que probablemente eran de personas blancas, como Jill o Kristen (Sweeney, 2013).

Todo ello pone de manifiesto que las personas negras se ven más afectadas por los errores y las predicciones inexactas de las inteligencias artificiales. Contamos con otros ejemplos de discriminación racial, como cuando el algoritmo de Google etiquetaba a las personas negras como "gorilas", en el año 2015.

La solución adoptada por Google fue eliminar las etiquetas "monos", "gorilas", y "chimpancés", así como las de "hombre negro" o "mujer negra". Esta forma de solucionar el problema no deja de ser un parche, aunque el portavoz de Google se escudó en ese momento en que "la tecnología de etiquetado de imágenes todavía es joven y lamentablemente no es perfecta" (Salas, 2018).

Incluso en el ámbito de la medicina, en el que se presupone una mayor equidad por su impacto social, existen discriminaciones algorítmicas. En 2019, una investigación publicada en la revista *Science* demostró que el algoritmo utilizado para guiar la atención médica de 200 millones de estadounidenses estaba sesgado en perjuicio de las personas negras. Se estima que este sesgo redujo el número de pacientes negros identificados en más de la mitad (Obermeyer et al, 2019).

Todo ello demuestra que, a pesar de las constantes advertencias sobre los sesgos algorítmicos y sobre las muestras WEIRD[10], los sesgos algorítmicos siguen existiendo y es necesario introducir correctivos para paliar sus efectos.

En conclusión, la ética y la equidad de la IA resultan fundamentales para evitar el sesgo algorítmico, especialmente cuando este proviene de los prejuicios humanos y de la primacía

---

10 WEIRD es el acrónimo de White (blanco), Educated (educado), Industrialized (industrializado), Rich (rico), and Democratic (democrático), según el estudio realizado por HENRICH, J.,; HEINE, S.J.; NORENZAYAN, A., "Most people are not weird" en Nature, Vol. 466, n.º 1, julio de 2010, p. 29. doi: https://doi.org/10.1038/466029a

de los grupos dominantes, como hemos visto. La ética de la IA supone incluir una mayor representación de determinados sectores vulnerables de la población (por ejemplo, mujeres, personas negras). Esto mejoraría la detección de los sesgos algorítmicos y podría actuar como contrapeso en la discriminación algorítmica. La brecha digital puede agravar la vulnerabilidad de determinados sectores de la población y está en nuestras manos detener estos sesgos y/o minimizar sus efectos. Es más, los propios expertos en IA alertan de la necesidad de integrar la formación específica en ética y en protección de datos personales en la formación de ingenieros, informáticos y científicos de datos, entre otros perfiles (De Lecuona, 2020).

8. GARANTÍAS DE DEFENSA Y RECURSO

La IA presenta numerosos riesgos para el derecho de defensa en vía administrativa. La prohibición de indefensión está prevista en el artículo 9.3 de la Constitución. Genéricamente, el concepto de indefensión supone una limitación de los medios de defensa imputable a una indebida actuación de los órganos administrativos o judiciales, pero no coincide con la indefensión constitucionalmente relevante en el ámbito administrativo.

En el seno del procedimiento administrativo, la indefensión no ostenta una dimensión jurídico-constitucional, salvo en el procedimiento sancionador, pero su contenido es esencialmente el mismo. El Tribunal Constitucional, en la Sentencia 144/1996, de 16 de septiembre, afirma que "en un procedimiento administrativo lo verdaderamente decisivo es si el sujeto ha podido alegar y probar lo que estimase por conveniente en los aspectos esenciales del conflicto en el que se encuentra inmerso"[11]. Por este motivo, los supuestos en los que se ha reconocido que la indefensión tiene una dimensión constitucional son muy excepcionales, por ejemplo, la ausencia de acuerdo de iniciación del expediente administrativo o la falta de notificación del acuerdo de inicio, etc[12].

En sentido positivo, el Tribunal Constitucional estimó en la Sentencia 210/1999, de 29 de noviembre, que[13]:

> "La indefensión constitucionalmente relevante es la situación en que, en general, tras la infracción de una norma procesal, se impide a alguna de las partes el derecho a la defensa, eliminando o limitando su potestad, bien de alegar derechos e intereses para que le sean reconocidos, o bien de replicar dialécticamente las posiciones contrarias en el ejercicio del principio de contradicción".

Es decir, el artículo 24 de la Constitución no resulta de aplicación al procedimiento administrativo. El derecho a la defensa solo constituye un derecho susceptible de amparo constitucional cuando estamos en el marco del procedimiento sancionador, y ello porque en este caso sí que se aplican, aunque con flexibilidad, las garantías propias del proceso penal.

Esto no significa que en el ámbito administrativo no exista el derecho a la defensa. El derecho de defensa frente a la Administración pretende garantizar que los entes públicos actúan sin perjudicar los derechos de los ciudadanos. Cierco Seira (2010) afirma que el derecho a la defensa incluye los siguientes aspectos:

---

11 Sentencia del Tribunal Constitucional 144/1996, de 16 de septiembre. BOE n.º 254, de 21 de octubre de 1996. ID: ECLI:ES:TC:1996:144.

12 Valga, por todas, la Sentencia del Tribunal Supremo 10253/1987, de 26 de febrero de 1987. TOL2.331.236

13 Sentencia del Tribunal Constitucional 210/1999, de 29 de noviembre. BOE n.º 310, de 28 de diciembre de 1999 (TOL81.246).

i. La obtención de información sobre los datos y documentos que conforman el expediente.

ii. La posibilidad de formular alegaciones en un tiempo suficiente para poder ejercer una defensa eficaz.

iii. La posibilidad de aportar pruebas o a solicitar su práctica. En este punto, sin embargo, el Consejo de Estado sostiene que "la discusión sobre la valoración de los hechos y sobre los medios de prueba no puede ser objeto de análisis en un procedimiento [de revisión de oficio]"[14]. La falta de apertura del período probatorio tampoco producirá la nulidad de pleno derecho, pues "el no acordar la práctica de dicha prueba no contradice el derecho de defensa ni el de legalidad sancionadora, previstos respectivamente en los artículos 24.1 y 25 de la Constitución, por ser una facultad de los órganos administrativos la de decidir motivadamente al respecto"[15]. Sin embargo, sí que se admite la indefensión cuando las pruebas han sido obtenidas en vulneración de los derechos fundamentales, al amparo del artículo 11.1 de la Ley Orgánica 6/1985, de 1 de julio, del Poder Judicial. El Consejo de Estado aplica la doctrina de los frutos del árbol envenenado y el de la conexión de antijuridicidad[16].

---

14 CONSEJO DE ESTADO, Dictamen del Consejo de Estado 809/2017, de 19 de octubre de 2017 < https://www.boe.es/buscar/doc.php?id=CE-D-2017-809> [Consulta: 13 de mayo de 2024]

15 CONSEJO DE ESTADO, Dictamen del Consejo de Estado 153/2019, de 4 de abril de 2019 <https://www.boe.es/buscar/doc.php?id=CE-D-2019-153> [Consulta: 13 de mayo de 2024]

16 CONSEJO DE ESTADO, Dictamen del Consejo de Estado 466/2016, de 14 de julio de 2016 <https://www.boe.es/buscar/doc.php?id=CE-D-2016-466> [Consulta: 13 de mayo de 2024]

En todo caso, para que se aprecie que una prueba es ilícita, debe haber recaído sentencia firme o resolución administrativa firme declarándolo[17].

iv. El derecho a obtener una respuesta de la Administración ante las alegaciones y pruebas presentadas.

v. El derecho a la motivación de los actos administrativos.

Si la actuación administrativa basada en algoritmos limita cualquiera de estos derechos, puede originar una merma o vulneración del derecho de defensa. La jurisprudencia es sumamente exigente con la exigencia de la indefensión y considera que no toda indefensión dará lugar a la nulidad del acto administrativo:

i. En primer lugar, el Tribunal Supremo exige que el particular justifique que el sentido de la resolución administrativa habría sido otra si hubiera ejercitado su derecho a la defensa. Es decir, debe justificar cómo ha influido en la decisión la posibilidad de no practicar pruebas, no alegar en el momento oportuno, etc[18].

ii. La jurisprudencia también sostiene que no existe indefensión si el interesado ha podido corregir el vicio en sede contencioso-administrativa o, incluso, en vía administrativa. En la Sentencia de 29 de julio de 2002, el Tribunal Supremo afirma que: "si bien "el acto originario pudo adolecer de tal falta de motivación", el recurso re-

---

17 Dictamen del Consejo de Estado 153/2019, op.cit.

18 La Sentencia del Tribunal Supremo 5850/2005, de 4 de octubre de 2005 (TOL726.460) sostiene que: "corresponde al recurrente justificar la indefensión sufrida, en un doble aspecto: por un lado, ha de demostrar la relación entre los hechos que se quisieron y no se pudieron probar y las pruebas inadmitidas o no practicadas; y, por otro lado, ha de argumentar el modo en que la admisión y la práctica de la prueba objeto de la controversia habrían podido tener una incidencia favorable a la estimación de sus pretensiones..."

solutorio del recurso de reposición es lo suficientemente explícito, tal como de ello hemos dejado constancia, y la sentencia recoge, para considerar cumplido el mencionado requisito"[19].

Este criterio, sumamente controvertido, no ha sido admitido de forma pacífica por la doctrina (Cierco Seira, 2010).

La opacidad del algoritmo y las imposiciones técnicas de los algoritmos pueden dar lugar a una "verdadera dictadura de la máquina". Como sostiene De La Cueva (2018):

> "Estamos presos de unas imposiciones técnicas que no admiten su discusión pues se muestran como irrebatibles, lo que nos lleva a una verdadera dictadura de la máquina. Si antes para resolver un problema en un expediente era necesario y a veces suficiente hablar con los funcionarios intervinientes, en la actualidad, debido a que la configuración de las posibilidades del procedimiento no vienen dadas desde lo jurídico sino desde lo informático, nos hallamos no sólo ante una situación de indefensión sino de perplejidad".

En definitiva, para garantizar que los administrados puedan realizar alegaciones, deben primar los parámetros de transparencia, supervisión humana y publicidad, ya que su aplicación puede suponer la diferencia entre la adecuada utilización de los algoritmos o la vulneración de derechos básicos de nuestro ordenamiento jurídico.

---

19 Sentencia de la Sala de lo Contencioso-Administrativo del Tribunal Supremo 5765/2002, de 29 de julio de 2002 (TOL1.706.027)

9. LA EXISTENCIA DE UN MAPEO DE USOS DE ALGORITMOS EN EL SECTOR PÚBLICO

Existen muchas voces que exigen la existencia de un mapeo de usos de los algoritmos en el sector público, por su conexión con el derecho de acceso a la información pública.

El derecho de acceso a la información pública está reconocido en la Ley de Transparencia y en el artículo 105 de la Constitución. El artículo 12 de la Ley de Transparencia enuncia que:

> Todas las personas tienen derecho a acceder a la información pública, en los términos previstos en el artículo 105.b) de la Constitución Española, desarrollados por esta Ley. Asimismo, y en el ámbito de sus respectivas competencias, será de aplicación la correspondiente normativa autonómica.

Por su parte, el artículo 105.b) de la Constitución instituye que "la ley regulará [...] b) El acceso de los ciudadanos a los archivos y registros administrativos, salvo en lo que afecte a la seguridad y defensa del Estado, la averiguación de los delitos y la intimidad de las personas". Los artículos 13.2 f), 14.2 g) y 15.1 h) del RGPD también se refieren a este derecho, que incluye el derecho a conocer la elaboración de un perfil y a conocer información significativa sobre la lógica aplicada por el algoritmo, en términos comprensibles conforme al principio de transparencia y suficientemente exhaustiva al mismo tiempo, sin necesidad de incluir información sobre los algoritmos utilizados o la revelación de todo el algoritmo.

El derecho de acceso a la información pública está íntimamente vinculado con el ejercicio de otros derechos, de ahí su relevancia. La Corte del Distrito de la Haya ha tenido oportunidad de pronunciarse sobre este derecho en la Sentencia de 5 de febrero de 2020. Se trata del caso SyRI, que también ha sido mencionado anteriormente pero que desarrollamos por su oportunidad en este apartado. SyRI es un instrumento desarrollado por el Gobierno neerlandés que pretende prevenir y combatir el fraude a la Seguridad social. SyRI se basa en (Lazcoz Moratinos y Castillo Parrilla, 2020):

i. La agregación de datos (previa anonimización);

ii. Triangulación; y

iii. Posterior análisis de datos.

iv. Estos datos obran en un poder de diferentes administraciones públicas, que forman un acuerdo de colaboración por el que intercambian datos a través de SyRI. La agregación y análisis de datos compartidos da lugar a la identificación de perfiles de riesgo de fraude a la Seguridad Social.

SyRI entró en vigor en 2014, con la Ley SUWI (artículos 64 y 65 de la Ley SUWI) y el Decreto SUWI (capítulo 5.a del Derecho SUWI). La Corte del Distrito de la Haya evaluó estas normas y determinó que vulneraba el derecho al respeto a la vida privada y familiar recogido en el artículo 8 del Convenio Europeo de Derechos Humanos.

La Corte considera aplicables los artículos 93 y 94 de la Constitución neerlandesa y considera que el derecho a la privacidad está vinculado a la protección de datos personales. También resultan aplicables los artículos 7 y 9 de la Carta de los Derechos Fundamentales y el RGPD. La Corte interpreta que:

> "No puede evaluar con exactitud qué es SyRI, dado que el Gobierno no ha hecho pública —ni ha aportado al procedimiento— información objetiva y verificable sobre el modelo de riesgo en el que se basa SyRI (párrafo 6.49). Considera que la normativa ofrece margen para el desarrollo de técnicas como *deep learning, data mining* y la elaboración de perfiles de riesgo, y aunque no pueda determinar con exactitud qué clase de tratamiento desarrolla la herramienta SyRI, da por hecho que elabora perfiles de riesgo basados en datos históricos, personales o de otra clase (párrafo 6.53), lo cual queda avalado por el extenso elenco de categorías de datos que SyRI recoge en el

> Decreto SUWI y de los que la propia sentencia se hace eco en el párrafo 4.17".

La Corte de la Haya, tras constatar la injerencia que supone el sistema SyRI en las vidas de los ciudadanos, analiza (*i*) la legitimidad de la injerencia, (*ii*) su necesidad, y (*iii*) la proporcionalidad entre los medios empleados y los fines perseguidos. La Corte considera que la norma SyRI sí que responde a un interés legítimo, que es el de prevenir el fraude. En cuanto a la necesidad, la Corte cuantifica a cuánto asciende el fraude a la Seguridad Social en los Países Bajos, para calcular el daño que produce esta actuación fraudulenta. Con base en este cálculo entiende que es necesario. Ahora bien, desde el punto de vista de la proporcionalidad y subsidiariedad, la Corte valora si existe un equilibrio entre los intereses públicos y privados.

La norma SyRI se analiza en función de los principios de transparencia, limitación de la finalidad y minimización de los datos. La conclusión que alcanza es que la norma no proporciona los datos suficientes como para concluir que la injerencia es necesaria y proporcionada. Es decir, la *ratio decidendi* es la falta de transparencia del algoritmo y la falta de acceso a la información del mismo.

Como hemos adelantado, la Corte da el mayor peso al principio de transparencia:

i. La norma no da información sobre cómo determinados datos pueden derivar en un incremento del riesgo, para que un individuo se convierta en un perfil de riesgo.

ii. Tampoco da información sobre el modelo algorítmico que utiliza SyRI, por lo que no se puede comprobar cómo se forma el perfil de riesgo.

iii. A pesar de que el Estado argumentó que se seguía un proceso de validación y verificación del modelo algorítmico, la Corte no consideró que tampoco se disponía de datos sobre este proceso.

La Corte pone en relación esta opacidad con el principio de minimización de los datos y concluye que, si no se publica el algoritmo es imposible saber si los datos manejados por el Estado son los adecuados. Por tanto, la falta de acceso a la información puede implicar, a su vez, una vulneración del principio de protección de datos.

Es decir, si el Estado se niega a publicar esta información, difícilmente podrán discutirse las decisiones tomadas por el algoritmo. Además, si los algoritmos se emplean en el sector público, como en el caso de SyRI y partimos de la teoría de su naturaleza normativa, se estaría incumpliendo, además, el principio de publicidad normativa.

El acceso a determinadas informaciones también puede ser necesario para ejercer el derecho a la tutela judicial efectiva contenido en el artículo 24. Es posible que un solicitante requiera información pública para acceder a la justicia o para emprender acciones legales.

Finalmente, y de una forma evidente, el derecho de acceso a la información se encuentra directamente relacionado con el derecho de acceso al expediente administrativo, previsto en el artículo 53.1 de la Ley 39/2015. Aunque no se trata de un derecho fundamental, se trata de un derecho básico de la norma administrativa.

Por ello, el derecho de acceso a la información está muy vinculado al ejercicio de otros derechos. El Consejo de Transparencia de la Comunidad Valenciana afirma que debe realizarse una interpretación afín al derecho de acceso a la información pública:

> "Una interpretación favorable al derecho constitucional de acceso a la información pública que exige el principio de máxima transparencia, el sujeto obligado que recibe una solicitud tiene el deber de hacer un mínimo esfuerzo e interpretar si

> alguna parte de la solicitud del ciudadano sí que puede ser considerada una solicitud de información pública definida por la ley. Y si en efecto hay solicitud de información pública hay que facilitarla o, en su caso y de forma motivada inadmitirla o denegarla. [...] en principio, a través del derecho de acceso a la información no puede requerirse una valoración o justificación jurídica".

Habida cuenta de su conexión con otros derechos, la Red de Derecho Administrativo de la IA ("DAIA") propone que haya un mapeo de los usos de IA en el sector público, so pena de vulnerar el artículo 6 bis de la Ley de Transparencia, respecto del inventario de actividades de tratamiento previstas en el artículo 31 de la Ley Orgánica 8/2018. Es más, en la actualidad se desconoce si existen administraciones que estén utilizando sistemas automatizados con carácter predictivo, a pesar de que algunas de ellas ya han anunciado su intención de emplearlos (Cotino Hueso, 2021):

i. La Tesorería General de la Seguridad Social publicó en octubre de 2020 los pliegos de cláusulas administrativas para contratar un programa que permita detectar falsos autónomos y empresas ficticias.

ii. El Plan Estratégico de la Agencia Tributaria 2020-2023 afirma que "la utilización de las nuevas herramientas informáticas que permite configurar un sistema completo y dinámico de riesgos para, progresivamente, ir detectando de forma más automatizada y extensa actuaciones y conductas de riesgo de deudores que, hasta ahora, solamente afloraban y se combatían al analizar individualmente cada caso". Entre las actividades propuestas se incluyen "programas de investigación recaudatoria", en base a la detección de tramas y actividades fraudulentas.

Sin embargo, todavía no contamos con un mapeo de usos de la IA en el sector público y, tal y como afirma Cotino Hueso (2021) "posiblemente sea el secreto mejor guardado con la ayuda del actual ordenamiento jurídico". Tal y como afirma este autor, existen normas que entorpecen esta publicidad. A nivel general, los sistemas utilizados en fases previas o preparatorias se encuentran sometidas al régimen de la "información y actuaciones previas" del expediente (artículo 55 de la Ley 39/2015), que no se incluyen ni en el derecho de acceso al expediente del interesado (artículo 53 de la Ley 39/2015) ni la legislación de transparencia (Ley de Transparencia).

A nivel tributario, la Ley 58/2003, de 17 de diciembre, General Tributaria reconoce que los planes de control tributario son "reservados" (artículo 116), aunque sí que se hacen públicos los criterios generales que lo informan.

Sin embargo, estos criterios generales que se publican no incluyen ni los sistemas de IA ni los datos utilizados. El artículo 170.7 del Real Decreto 1065/2007, de 27 de julio por el que se aprueba el Reglamento General de actuaciones y procedimientos de gestión e inspección tributaria dispone que "los planes de inspección, los medios informáticos de tratamiento de información y los demás sistemas de selección de los obligados tributarios que vayan a ser objeto de actuaciones inspectoras tendrán carácter reservado, no serán objeto de publicidad o de comunicación ni se pondrán de manifiesto a los obligados tributarios ni a órganos ajenos a la aplicación de los tributos".

La opacidad que favorecen estas normas se ve beneficiada por el criterio del Tribunal Supremo, que recuerda que no existe el derecho subjetivo a no ser investigado, "pues ello supondría el incumplimiento por parte de la Administración del deber de fiscalización de que todos los ciudadanos cumplan con el deber de contribuir"[20]. Es más, la Administración tributaria ni siquiera queda vinculada por sus propios planes de ins-

---

20 Sentencia de la Sala de lo Contencioso-Administrativo del Tribunal Supremo 236/2020, de 19 de febrero de 2020. TOL7.790.594.

pección. Como indica el TS, no hay un "derecho subjetivo del contribuyente a no ser investigado si no se encuentra incluido en dichos planes y programas"[21].

En el momento presente en España, solo tenemos conocimiento de un sistema de alertas tempranas para detectar fraudes, el sistema SALER, previsto en los artículos 17 a 36 de la Ley 22/2018, de 6 de noviembre, de la Generalitat de la Comunidad Valenciana.

Sin embargo, la Generalitat Valenciana considera que este sistema no queda sometido a las exigencias de las decisiones solo automatizadas del artículo 22 del RGPD ni del artículo 41 de la Ley 40/2015 porque "la aplicación no toma ningún tipo de decisiones, ni mucho menos basadas únicamente en el tratamiento automatizado".

De igual modo se considera que (Cotino Hueso, 2021):

> "El sistema SALER es una herramienta informática que no se incardina en ningún procedimiento administrativo sino que, [...] la información que genere puede servir de base para tomar decisiones, como puede ser abrir unas diligencias previas de investigación o, en el caso de actuar otros órganos diferentes a la inspección y así tenerlo previsto, iniciar el correspondiente procedimiento administrativo. También puede aportar información que justifique realizar alguna actuación de mejora de la calidad de los servicios públicos".

En definitiva, se trata de un sistema de baja actividad y capacidad.

El derecho de información está directamente relacionado con el ejercicio de otros derechos —algunos de ellos, fundamentales—. Por ello, resulta imprescindible conocer los sistemas de IA que se están usando para asistir en las decisiones públicas, aunque sea en fase preparatoria. De hecho, la Sentencia

---

21 Íbid.

SyRI apunta que estos usos son fiscalizables, ya que el sistema implicaba un "efecto legal, o al menos una decisión que afecta significativamente a los interesados" (Cotino Hueso, 2021). El legislador debe tomar este punto de partida al regular estos usos.

La Red DAIA, en la Declaración Final II Seminario Internacional Derecho Administrativo e Inteligencia Artificial en el sector público aboga por que haya trazabilidad y transparencia del uso de la IA "en cualquier fase y tipo de actuación administrativa —formal o informal— que, entre otras cosas, permita determinar el grado real de intervención humana en la toma de decisiones".

10. EL RESPETO AL PRINCIPIO DE LEGALIDAD Y SEGURIDAD JURÍDICA EN EL PROCEDIMIENTO ADMINISTRATIVO

El principio de legalidad supone que todos los poderes públicos se encuentran sujetos a la Ley, en sentido amplio.

El artículo 9.3 de la Constitución Española se refiere a él cuando garantiza "el principio de legalidad, la jerarquía normativa, la publicidad de las normas, la irretroactividad de las disposiciones sancionadoras no favorables o restrictivas de derechos individuales, la seguridad jurídica, la responsabilidad y la interdicción de la arbitrariedad de los poderes públicos". Estos principios se reconducen al principio de legalidad y al de seguridad jurídica, que reseñamos a continuación.

El principio de legalidad supone que todos los poderes públicos, en sentido amplio, están sujetos a la Ley. Además, por Ley no debe entenderse solo la que emana del Parlamento, sino también, la Constitución, las normas con rango de Ley (Decretos Leyes y Decretos legislativos), los Tratados y Convenios internacionales, la costumbre y los principios generales del derecho, los Reglamentos y las normas dictadas por la propia Administración, y todo ello en el marco del Estado autonómico y en el ámbito de las respectivas competencias.

Las implicaciones fundamentales para el principio de legalidad vienen de la consideración de los algoritmos como Reglamentos y, por tanto, de la sujeción de los poderes públicos a los resultados arrojados por el algoritmo. Si los poderes públicos quedan sujetos a la ley, ¿con qué pretexto se pueden apartar del resultado algorítmico, si se considera que los algoritmos son reglamentos?

Aquí surge la tensión entre la naturaleza jurídica de los algoritmos y la potencial quiebra del principio de legalidad. Hasta ahora, hemos defendido que la intervención humana resulta imprescindible para garantizar el correcto funcionamiento de la Administración y para evitar sesgos y resultados algorítmicos injustos. Ahora bien, si los algoritmos son reglamentos y la Administración queda sujeta a ellos por mor del principio de legalidad, ¿debemos aceptar sí o sí la eficacia normativa del reglamento aunque el resultado no sea conforme a Derecho? A nuestro juicio, este es un nuevo argumento para considerar que los algoritmos no son reglamentos.

Por su parte, el principio de seguridad jurídica tiene dos implicaciones fundamentalmente: la publicidad de las normas, vinculada a la posibilidad de exigir su cumplimiento, e irretroactividad, no sólo la mencionada en el artículo 9.3 de la Constitución, irretroactividad de las disposiciones sancionadoras no favorables o restrictivas de derechos individuales, sino el principio general de irretroactividad de todas las normas jurídicas.

Como se ha sostenido en esta investigación, los algoritmos empleados por la Administración deben estar íntegramente publicados, con independencia de que no sean considerados como reglamentos. Los ciudadanos han de poder exactamente qué normas algorítmicas les son aplicables y a partir de qué programación se les va a exigir que actúen de una u otra manera.

Por ello, la doctrina sostiene que los argumentos que se utilizan normalmente para eludir la publicidad de los algoritmos —propiedad intelectual, secretos empresariales, la seguridad, etc.— resultan insuficientes. En el fondo, según Boix Palop (2020):

> "La razón esencial por la que no se están publicando los códigos fuente de los algoritmos, y la evolución legislativa que ampara que así sea, tienen que ver más con consideraciones de posibilismo que con un análisis jurídico riguroso y plantea numerosos problemas".

De la Cueva (2018) sostiene que el código fuente y los algoritmos deben ser de dominio público y compara los sistemas algorítmicos con la posición en la que puede encontrarse la costumbre. Es decir, la costumbre puede ser *secundum*, *praeter* o *contra legem*. Estas mismas posturas se predican respecto de los algoritmos y debe darse la misma solución para combatir este problema: la aplicación del principio de jerarquía normativa previsto en el artículo 9.3 de la Constitución.

Por todo ello, y para preservar al máximo los principios de seguridad jurídica y de legalidad, se propone que haya trazabilidad y transparencia del uso de la IA "en cualquier fase y tipo de actuación administrativa — formal o informal— que, entre otras cosas, permita determinar el grado real de intervención humana en la toma de decisiones" (Red DAIA).

Conclusiones

1ª. No existe en el ordenamiento jurídico español una regulación profunda de la IA ni, mucho menos, de la responsabilidad de la Administración en este ámbito. Sin embargo, las normas analizadas y las estrategias proyectadas muestran que hay cierta voluntad por establecerla, especialmente, en el marco europeo, en el que se ha aprobado la Ley de IA y dos propuestas de Directivas en materia de responsabilidad. Junto con éstas, en el ámbito estatal se ha aprobado la Ley 15/2022, de 12 de julio, integral para la igualdad de trato y la no discriminación, cuyo ámbito de aplicación incluye la IA, que también contiene una mención específica a la atribución de responsabilidad cuando la IA causa una discriminación. Del estudio de estas normas, así como de la Estrategia Nacional de Inteligencia Artificial y de las iniciativas europeas en torno a la IA, se pone de manifiesto que, paulatinamente, las Administraciones Públicas favorecerán la puesta en marcha de mecanismos para la toma de decisiones mediante algoritmos, a pesar de que todavía no se ha aprobado ninguna norma o instrumento normativo que materialice estos principios en una realidad jurídica tangible.

2ª. Los usos y aplicaciones analizados en esta investigación demuestran que, a día de hoy, la Administración se mueve en un nivel de IA muy incipiente. La realidad es que la transformación digital se ha traducido casi exclusivamente en las vías de comunicación de la Administración con los ciudadanos. Así, creemos que es importante distinguir la mera Administración electrónica, de la verdadera utilización de algoritmos e IA por parte de la misma. Es decir, los algoritmos empleados en la actualidad sirven para resolver problemas en áreas particulares —IA especial— y solo se les puede encomendar una tarea del conocimiento humano —IA débil—. El examen de la responsabilidad patrimonial de la Administración en el ámbito de la IA parte de esta distinción.

3ª. La determinación de los usos y del tipo de IA nos ha llevado a realizar una revisión crítica sobre los tipos algorítmicos que se utilizan en el seno de la Administración, ya que las decisiones administrativas en las que se puede aplicar un algoritmo son de carácter heterogéneo —policía predictiva, comprobación de los requisitos para otorgar una subvención, actuaciones de comprobación en el ámbito tributario, detección del riesgo de reincidencia de un sujeto, etc.— Sin embargo, a pesar de esta variedad, es posible reconducir todas estas decisiones a alguna de las siguientes categorías: (*i*) actuaciones administrativas automatizadas; o (*ii*) predicciones algorítmicas. Sin embargo, solo la primera de ellas se encuentra definida legalmente. El artículo 41.2 de la Ley 40/2015, al regular la actuación administrativa automatizada, se refiere a aquella que se adopta por medios electrónicos sin intervención humana. En esta definición se incluyen decisiones algorítmicas y otras que no son estrictamente algorítmicas, pero que son, de alguna manera, "automáticas" porque se realizan por medios electrónicos y la persona se limita a aplicar su resultado. Por tanto, el uso de la IA, *per se*, no implica que estemos ante una actuación administrativa automatizada. Y la actuación administrativa automatizada también se podría llevar a cabo sin el empleo de IA.

4ª. Al analizar la realidad de las actuaciones administrativas automatizadas, hemos concluido que el Derecho administrativo no es ajeno a la existencia de personas que se encuentran tras estas decisiones. Al contrario, el ordenamiento sí que reconoce que hay personas que intervienen, aunque sea indirectamente, en la toma de las actuaciones administrativas automatizadas. La actuación administrativa automatizada basada en IA no implica una ausencia total de intervención humana, ya que la persona será la que defina las especificaciones del algoritmo, por un lado; y, por otro, quien resuelve los recursos contra las decisiones automatizadas. De ahí que la Ley 40/2015 obligue a que la Administración establezca cuál es el órgano competente a efectos de impugnación, con el fin de salvaguardar las garantías de recurso que asisten a los administrados. En efecto, esta revisión humana *ex ante* y *ex post* sirve para detectar los errores algorítmicos e impedir la causación de daños. Junto a estas previsiones, conviene tener en cuenta que el resultado no se imputa al algoritmo como "órgano" o como "ente", sino a la Administración firmante que ejerce la potestad atribuida por la Ley.

5ª. Ahora bien, los algoritmos no solo sirven para la toma de actuaciones administrativas automatizadas, sino que cobran especial relevancia en la toma de otras decisiones que no encajan en la definición del artículo 41.2 de la Ley 40/2015. Hemos utilizado el concepto de "predicción algorítmica" para referirnos a aquellos algoritmos utilizados para determinar el contenido de un acto posterior, que pondrá fin al procedimiento administrativo. Por tanto, la predicción algorítmica no pondrá fin a un procedimiento administrativo, sino que se insertará en el mismo como un acto de trámite. A diferencia de la actuación administrativa automatizada, que sí que pone fin al procedimiento, las predicciones algorítmicas podrían ser cuestionadas en los recursos contra la resolución final del procedimiento.

6ª. Una vez distinguidas las decisiones administrativas en las que intervendrán los algoritmos o la IA, resulta necesario despejar cuál es su naturaleza jurídica. Mientras que un sector doctrinal sostiene que son reglamentos, otro sector interpreta que son instrumentos de *soft law*. En esta investigación, hemos asumido una posición intermedia, que atiende a la realidad social en la que se aplican los algoritmos en la actualidad y en virtud de la cual los algoritmos ejercen una función de apoyo, meramente técnica. Por tanto, en la actualidad, los algoritmos utilizados por la Administración Pública todavía no son reglamentos, aunque ello no impide que en el futuro lleguen a serlo.

7ª. Al trasladar la realidad de las actuaciones administrativas automatizadas y de las predicciones algorítmicas al procedimiento administrativo, hemos interpretado que estas actuaciones deberían quedar sujetas a las mismas exigencias que el procedimiento administrativo común —incluso, en algunos casos, de manera reforzada—:

i. La actuación administrativa automatizada y las predicciones algorítmicas deberían quedar sujetas a las mismas exigencias que el procedimiento administrativo común, especialmente la motivación, la transparencia, la razonabilidad y la proporcionalidad.

ii. La motivación del algoritmo implica que el acto administrativo debería proporcionar la información necesaria para que el administrado pueda localizar los detalles sobre la programación del sistema o, al menos, conocer los datos introducidos en el algoritmo. La motivación debería incluir también la acreditación de que el algoritmo ha superado las correspondientes auditorías que verifican su adecuado funcionamiento. Esta última característica supone una garantía reforzada respecto al procedimiento administrativo común.

iii. En cuanto a la publicidad, es evidente que, en el caso de las decisiones algorítmicas o actuaciones administrativas automatizadas, la Administración se enfrenta a las cajas negras del algoritmo y a su inescrutabilidad. Desde un punto jurídico, la opacidad de los algoritmos se debe a la existencia de normas que limitan el acceso a la información para proteger otros bienes o derechos, como los secretos empresariales, la propiedad intelectual e industrial, la protección de datos personales o la seguridad pública. Sin embargo, a nuestro juicio, deberá realizarse una ponderación casuística entre éstos y los bienes jurídicos afectados por la no publicación del algoritmo.

iv. En cuanto a la transparencia, consideramos que los algoritmos deben ser considerados como información pública en los términos previstos en la Ley de Transparencia. La Administración debería garantizar el acceso al mismo, así como garantizar su comprensión, explicando en qué consiste su programación en un lenguaje sencillo y claro, ya que la Ley de Transparencia exige que la información pública sea comprensible, de acceso fácil y gratuito. Todas estas características se predican de las decisiones algorítmicas.

v. Por otro lado, no somos ajenos a los riesgos que entrañan los algoritmos en el derecho de defensa en vía administrativa. Por ello, sería aconsejable implementar auditorías algorítmicas, realizar un mapeo de usos de la IA en el sector público e introducir correctivos, que consisten en introducir la equidad en el algoritmo. Todas ellas son premisas que contribuirán a evitar —o, al menos a minimizar— la causación de daños. El mapeo de usos de la IA resulta sumamente recomendable, habida cuenta del desconocimiento generalizado del que disponemos sobre los usos de los algoritmos en la Administración Pública.

Todas ellas son premisas y garantías procedimentales y formales que minimizarán los daños causados por decisiones algorítmicas, por lo que consideramos que deberían implementarse en la futura regulación sobre los algoritmos en el procedimiento administrativo.

8ª. Ahora bien, la adopción de las mencionadas cautelas no impedirá siempre y en todo caso que se causen daños a los administrados. Y, por ello, resulta necesario distinguir a quiénes van a intervenir en el procedimiento para distribuir la responsabilidad entre los distintos actores implicados:

i. Por un lado, se encuentran los operadores privados que proporcionan sistemas de IA a la Administración. Tras la revisión del panorama actual, hemos determinado que en la mayor parte de los casos la Administración carecerá de medios materiales y personales para implementar soluciones de IA y, por tanto, deberá licitar el correspondiente contrato público para su adquisición. Esta relación contractual que la Administración entable con el operador privado es fundamental para establecer un régimen de responsabilidad y su sujeción a la normativa de contratación, consagrada en la LCSP y normas de desarrollo. El grado de control que efectúe el operador privado será determinante, ya que no será lo mismo que, por ejemplo, solo proporcione el algoritmo, o que, además, realice la asistencia técnica y seguimiento de su aplicación.

ii. Por otro lado, se encuentra la Administración Pública que, o bien implementa una solución de IA adquirida de un operador privado o bien diseña con sus propios medios un algoritmo que, posteriormente, se incorpora a un procedimiento administrativo en algunas de las modalidades expuestas —actuación administrativa automatizada o predicción algorítmica—.

iii. Además de los anteriores, los destinatarios de las decisiones algorítmicas incluyen a la ciudadanía y a aquellas personas interesadas sobre las que recaiga un acto administrativo que constituya una actuación administrativa automatizada o basado en una predicción algorítmica.

9ª. Centrándonos en la responsabilidad del contratista de la Administración Pública, éste debería responder conforme a lo dispuesto en el artículo 196 de la LCSP, que dispone que será obligación del contratista indemnizar todos los daños y perjuicios que se causen a terceros como consecuencia de las operaciones que requiera la ejecución del contrato. Por tanto, los contratistas también responderán de forma directa y total. Esta responsabilidad trae causa de la relación contractual entre el programador del algoritmo y la Administración Pública.

10ª. Sin embargo, el programador del algoritmo podría acogerse a las circunstancias exoneratorias previstas en la LCSP, igual que cualquier otro contratista de la Administración. En este sentido, el contratista no debería responder por aquellos daños que se deriven de la incorrecta configuración del contrato, en cuyo caso responde la Administración contratante —por ejemplo, si la Administración decidiera aplicar el algoritmo sin respeto al procedimiento legalmente establecido o en un ámbito en el que se prohíba expresamente el uso de algoritmos—. Lo mismo ocurre con los daños causados por una orden directa de la Administración, en cuyo caso también responderá la Administración contratante, así como cuando los daños sean causados como consecuencia de los vicios del proyecto elaborado por la Administración. Sería posible que, ante la falta de conocimientos técnicos, la Administración le solicitara al contratista que alcanzara un determinado resultado, por ejemplo, elaborar un mapa de delincuencia. Si en la elaboración del mapa de delincuencia el contratista empleara datos discriminatorios, la Administración no debería responder. En cambio, si la Administración solicitara al contratista que elaborase un mapa de delincuencia con un resultado determinado y discriminatorio —además de resultar contrario a los principios que rigen su actuación—, la Administración debería responder frente a los administrados. Además, conviene tener en cuenta que la Administración se convierte en garante de los daños causados por los contratistas cuando no ha ejercido suficientemente unas labores de policía e inspección que, de haber sido ejercidas, hubieran evitado la producción del daño.

11ª. A pesar de las dificultades de establecer el régimen sustantivo aplicable a las relaciones entre los contratistas y los administrados, hemos interpretado que las relaciones entre los administrados y los contratistas de la Administración se regirán por el régimen civil de responsabilidad, en cuanto a las cuestiones de fondo. Por lo tanto, será la normativa civil de aplicación la que rija las cuestiones sustantivas que se susciten entre los contratistas y los administrados, aunque la vía para la reclamación se encuentre regulada en la LCSP.

12ª. Teniendo en cuenta todos estos puntos, hemos realizado una serie de recomendaciones a incluir en el expediente de contratación para mitigar, en la medida de lo posible, la responsabilidad patrimonial de la Administración cuando toma decisiones basadas en algoritmos proporcionados por un agente externo. Estas recomendaciones, basadas en las del Foro Económico Mundial, se orientan a satisfacer las necesidades reales de la Administración. Por ello, las Administraciones no tienen por qué concretar soluciones específicas, sino que debe limitarse a describir qué problemas pretende solventar con esta tecnología. Además, se recomiendan mecanismos como la Compra Pública de Innovación. Por otro lado, la Administración debería contar con un equipo técnico en la elaboración del informe de necesidad, así como realizar consultas preliminares de mercado. En este punto, será fundamental la coordinación interadministrativa, la interoperabilidad entre sistemas y la existencia de normas y códigos éticos que aseguren que se cumplan los estándares existentes en el sector público.

13ª. Además de la responsabilidad de los contratistas, hemos analizado cuál será el régimen de responsabilidad de la Administración cuando sea ésta la que diseñe e implemente la decisión algorítmica, sin el apoyo de un contratista. Debe ponerse de manifiesto que, teniendo en cuenta los avances realizados por la Administración en este ámbito, esto no será lo más frecuente. Consideramos que la responsabilidad patrimonial de la Administración *stricto sensu* se producirá en los siguientes supuestos: (*i*) en primer lugar, cuando el sector público gestione de forma directa la implementación de las soluciones basadas en IA. Se trata de un escenario improbable —no imposible— en la actualidad; (*ii*) en segundo lugar, aunque opte por la gestión indirecta, existe la posibilidad de que surja la responsabilidad patrimonial de la Administración en dos supuestos: cuando los daños a los administrados provengan de la definición de los Pliegos o del objeto del contrato, o cuando los daños causados por el contratista provengan de una orden directa e inmediata de la Administración.

14ª. Al hilo de lo anterior, los presupuestos para la aplicación del régimen de responsabilidad patrimonial de la Administración (regulada en el artículo 32 de la Ley 40/2015) deben ser también efectivos en el ámbito de las decisiones algorítmicas, si bien deben ser matizados. Por ello, creemos que es posible afirmar la existencia de una responsabilidad patrimonial propia del ámbito algorítmico, debiendo suavizar, principalmente, el requisito de que la responsabilidad sea objetiva. Es más, el Tribunal Supremo ya suele exigir la concurrencia de algún tipo de culpa o negligencia para imputar la responsabilidad a la Administración, lo que ha dado lugar a que un sector doctrinal, con el que coincidimos, sostenga que la responsabilidad de la Administración es objetiva. Existen numerosos ámbitos en el que la jurisprudencia deniega la responsabilidad objetiva sin matices, principalmente, el sanitario. En otros casos, el Tribunal Supremo sostiene que estamos ante una responsabilidad objetiva, pero resuelve el caso como si se tratase de una responsabilidad por culpa, y la rechaza porque no concurre culpa o negligencia. Si la responsabilidad objetiva sin matices es inadecuada en determinados ámbitos, con mayor motivo debería matizarse en el ámbito que nos ocupa, teniendo en cuenta las dificultades técnicas, de trazabilidad y de motivación que implica el uso de algoritmos. Desde luego, nos encontramos en un ámbito en el que, por sus propias características, la responsabilidad objetiva deviene completamente inadecuada porque, de aplicarse, se llegaría a resultados injustos y absurdos. Es el caso de que el algoritmo, con su autoaprendizaje, tome una decisión que no ha sido previamente prevista por la Administración. Consideramos que, en ese caso, la responsabilidad no debería ser objetiva, sino que debería atender a la infracción de algún tipo de obligación. De lo contrario, la Administración se convertiría en aseguradora universal frente a los daños causados por algoritmos.

15ª. Es decir, si el acto algorítmico se enmarca en un procedimiento en el que las potestades se han ejercido dentro de unos márgenes de tolerancia y con respeto a los elementos reglados que concurran, debería desaparecer el carácter antijurídico de la lesión y, por tanto, faltaría uno de los requisitos exigidos con carácter general para que concurra la responsabilidad de la Administración. Por lo tanto, en el ámbito algorítmico, los particulares tienen el deber de soportar las consecuencias de ese margen de apreciación, siempre que se haya efectuado respetando los elementos reglados que, en su caso, puedan existir y, además, se motive adecuadamente.

16ª. En el ámbito de la IA, según la doctrina, deberían diversificarse las soluciones jurisprudenciales en atención a las peculiares circunstancias de cada caso, siempre dentro del marco de posibilidades previsto en la Ley. Es decir, las soluciones adoptadas para otros tipos de responsabilidad podrían no ser adecuadas en las decisiones basadas en la IA. La mejor vía para responder en el ámbito de las decisiones automatizadas y predicciones algorítmicas debería ser que la Administración responda cuando no haya adoptado las medidas necesarias para prevenir el daño. Esto implica que la Administración deberá adoptar una serie de garantías que preserven los derechos fundamentales y las garantías del ciudadano en el procedimiento administrativo, que ya han sido mencionadas (publicidad, transparencia, auditoría, etc.). Si se aplicara un régimen de responsabilidad objetiva, se correría el riesgo de que se relajaran excesivamente los controles públicos. No obstante, en este caso, deberá tenerse en cuenta tanto el margen de tolerancia como la pérdida de oportunidad sufrida por el administrado, ya que no cualquier ilegalidad genera responsabilidad. Es posible que, aunque la Administración hubiera respetado las formalidades administrativas, el resultado hubiera sido el mismo. Por tanto, hemos indicado que en este caso deberá realizarse un estudio probabilístico que se enmarca en la conocida como pérdida de oportunidad, que está directamente vinculada al margen de tolerancia que pesa sobre los administrados.

17ª. Por tanto, proponemos la aprobación de una norma sectorial en materia de IA que regule específicamente los requisitos de la responsabilidad patrimonial en la toma de decisiones automatizadas, que tenga en cuenta la sostenibilidad jurídica y económica del sistema de responsabilidad objetiva y que establezca, de forma casuística, cuándo y cómo responderá la Administración en cada caso. En esta norma se deberían de establecer los correspondientes controles *ex ante* y *ex post* para prevenir el daño.

En cuanto a la acreditación del daño en este ámbito, teniendo en cuenta las características de la IA, consideramos aplicable la teoría de la pérdida de oportunidad, que se caracteriza por la incertidumbre de que la actuación de la Administración pudiera haber evitado los daños. En la teoría de la pérdida de oportunidad no se exige llegar a ese umbral de certidumbre, sino que, una vez calculado el grado de probabilidad en el caso concreto, se calcula la indemnización que corresponda. En consecuencia, se valorará como daño antijurídico la pérdida de oportunidad y no el resultado final. De esta manera, la teoría de la pérdida de oportunidad no supone la obligación de indemnizar la totalidad de los daños causados sino, como bien dice su nombre, la oportunidad perdida. En estos casos, se debería realizar un análisis para cuantificar los daños sufridos y qué expectativas tenía el ciudadano de que, si esa decisión hubiera sido adoptada por una persona, el sentido hubiera sido favorable. Además, se debe tener en cuenta, respecto al tipo de daños, que la reciente Ley 15/2022 ha reconocido expresamente que los daños causados por la IA en el ámbito de la igualdad y no discriminación deben incluir el daño moral. Con mayor motivo, consideramos que esta premisa resulta extensible al supuesto analizado en esta investigación.

18ª. En el caso de la IA, el nexo de causalidad va a ser una de las cuestiones más problemáticas y difíciles de probar dada su opacidad y autoaprendizaje. La naturaleza de la IA impide conocer cuáles han sido los concretos motivos que han llevado al sistema a tomar una decisión u otra. Si se parte de una relación de causalidad estricta, la Administración quedaría exonerada casi siempre, ante la imposibilidad de demostrar la causa adecuada y eficiente del daño. No obstante, esto no se compadece con la realidad, porque a veces puede resultar imposible determinar la adecuación objetiva entre acto y evento. En este apartado, nuevamente, la doctrina de la pérdida de la oportunidad es un mecanismo de facilitación probatoria porque, a pesar de existir incertidumbre causal, se atribuye a la Administración la privación de las expectativas del administrado, aunque sea en un porcentaje.

19ª. La imputación en el caso de daños causados por sistemas de IA deberá atender al (*i*) grado de control y (*ii*) al grado de autonomía del sistema de IA. No obstante, debemos advertir que el control como criterio de imputación de la responsabilidad tiene sentido cuando los humanos tienen el control sobre los sistemas automatizados, pueden actualizar y mejorar la tecnología o, cuanto menos, tienen la capacidad de desactivarlos si lo consideran preciso. Cuando no es posible realizar ninguna de estas acciones, no es posible aplicar el criterio del control. Por ello, el daño será imputable a la Administración en la medida en que ésta haya tenido algún tipo de control sobre el algoritmo y puede probarse que no ha aplicado las garantías suficientes, eludiendo los controles *ex ante* y *ex post* y la supervisión humana que debe regir en este ámbito. En cualquier caso, el título de imputación será el funcionamiento anormal del servicio público por haber incumplido alguna de estas garantías, realizando el juicio probabilístico que, de haberse seguido el procedimiento correctamente, el resultado hubiera sido distinto.

20ª. Ante la cuestión de si es posible aplicar la acción de regreso contra los funcionarios que materialmente han causado el daño, creemos que no debería hacerse extensiva a este ámbito por diversos motivos. En primer lugar, esta acción de regreso apenas es utilizada por los importantes inconvenientes que conlleva para los empleados públicos, que además se multiplican en el caso de la IA, ya que será un desincentivo para el uso de esta tecnología. En segundo lugar, la Administración dispone de otros mecanismos para sancionar a sus trabajadores, como la potestad disciplinaria. Cuestión distinta sería que el funcionario se separase del resultado del algoritmo y su decisión causara un daño, en cuyo caso no estaríamos ante un daño por la actividad automatizada, sino por la acción humana.

21ª. De lo estudiado en materia de riesgos del desarrollo como circunstancia exoneratoria de la responsabilidad, consideramos que no resulta aplicable. Los riesgos del desarrollo se refieren a aquellos casos en los que los daños se deriven de hechos o circunstancias que no se hubiesen podido prever o evitar según el estado de los conocimientos de la ciencia o de la técnica existentes en el momento de producción de aquéllos. Los riesgos del desarrollo delimitan el ámbito de responsabilidad de daños por productos y dan lugar a la exoneración de la responsabilidad cuando el desarrollo tecnológico posterior a la puesta en circulación del producto revela que éste era defectuoso. Entendemos que esta circunstancia no se dará en el caso de los algoritmos porque ni éstos entrañan un riesgo del desarrollo *per se*, sino que en cualquier caso sería su actuación autónoma y su autoaprendizaje, lo que implicaría, a su vez, la existencia de IA fuerte. Dado que no estamos en este escenario, se descarta esta circunstancia exoneratoria prevista en el artículo 42 de la Ley 40/2015.

22ª. Finalmente, aunque sea posible adoptar soluciones adecuadas para el fenómeno de las actuaciones administrativas automatizadas y de las predicciones algorítmicas mediante la interpretación del ordenamiento vigente, nos sumamos a los que consideran que, en aras a la seguridad jurídica, es necesaria una regulación *ad hoc* de esta responsabilidad que (*i*) por un lado, establezca las garantías que deben seguir en el procedimiento administrativo cuando se emplean algoritmos; (*ii*) adapte los requisitos de la responsabilidad, principalmente matice la responsabilidad objetiva de la Administración y (*iii*) reconozca expresamente los tipos de daños y el alcance de la responsabilidad en cada uno de los casos, así como las circunstancias exoneratorias que resultan aplicables. Por tanto, aunque los esfuerzos realizados en el ámbito de la responsabilidad civil han dado lugar a resultados satisfactorios, debería preverse expresamente el régimen de responsabilidad en el ámbito de la Administración.

Referencias Bibliográficas

1. ARTÍCULOS CIENTÍFICOS, CAPÍTULOS DE LIBRO Y LIBROS

ALAMILLO DOMINGO, I.; URIOS APARISI, X., La *actuación administrativa automatizada en el ámbito de las Administraciones Públicas.* Escola d'Administració Pública de Catalunya, Barcelona, 2011.

ALCOLEA AZCÁRRAGA, C., "La responsabilidad patrimonial de la Administración y el uso de algoritmos" en Revista General de Derecho Administrativo, n.º 59, 2022 [versión digital].

ALONSO MÁS, M. J. y NARBÓN LAÍNEZ, E., La responsabilidad por los daños causados en la ejecución de los contratos administrativos, Civitas Thomson Reuters, Cizur Menor, 2013.

AMUNÁTEGUI PERELLÓ, C., *Arcana Technicae. El Derecho y la Inteligencia artificial.* Tirant lo Blanch, Valencia, 2020.

ANNANY, M.; CRAWFORD, K., "Seeing without knowing: Limitations of the transparency ideal and its application to algorithmic accountability" en New Media and Society, n.º 20, vol. 3, 2016, pp. 983-985.

BAUZA MARTORELL, F.J. "Presunción de culpa, la deducción de negligencia en la responsabilidad patrimonial de la Administración", en Revista de Administración Pública, n.º 201, Madrid, pp. 373-411.

BECK, U., *Risikogesellschaft. Auf dem Weg in eine andere Moderne,* Frankfurt am Main, 1986.

BLASCO ESTEVE, A., La responsabilidad de la Administración por actos administrativos, Civitas, Madrid, 1985.

BOIX PALOP, A., "Los algoritmos son reglamentos: la necesidad de extender las garantías propias de las normas reglamentarias a los programas empleados por la Administración para la toma de decisiones" en Revista de Derecho Público: Teoría y Método, vol. 1, 2020, pp. 223-270.

BELADIEZ ROJO, M., Responsabilidad e imputación de daños por el funcionamiento de los servicios públicos con particular referencia a los daños que ocasiona la ejecución de un contrato administrativo, Ed. Tecnos, Madrid, 1997.

CAPDEFERRO VILLAGRASA, O., "La inteligencia artificial del sector público: desarrollo y regulación de la actuación administrativa en la cuarta revolución industrial" en Revista de Internet, Derecho y Política de la Universitat Oberta de Catalunya, marzo 2020 [versión digital].

CASARES MARCOS, A., "Responsabilidad patrimonial de la Administración por daños causados a terceros con motivo de la ejecución de contratos" en QUINTANA LÓPEZ, T. (Director), CASARES MARCOS, A. (Coordinadora) *La Responsabilidad patrimonial de la Administración Pública. Estudio General y Ámbitos Sectoriales*, Tirant Lo Blanch, Valencia, 2013, pp. 1487-1548.

CERRILLO I MARTÍNEZ, A.; GALINDO CALDÉS, A.; VELASCO RICO, C., "La personalización de los servicios públicos. La contribución de la inteligencia artificial y los datos masivos" en *XXXIII Concurso del CLAD sobre Reforma del Estado y Modernización de la Administración Pública La cuarta revolución industrial en la administración pública*. Caracas, 2020 [versión digital].

CERRILLO I MARTÍNEZ, A., "El impacto de la inteligencia artificial en el Derecho Administrativo. ¿Nuevos conceptos para nuevas realidades técnicas?" en Revista General de Derecho Administrativo, n.º 50, 2019 [versión digital].

CERRILLO I MARTÍNEZ, A., "Com obrir les caixes negres de les Administracions Públiques? Transparència i rendició de comptes en l'ús dels algoritmes" en *Revista catalana de dret públic*, n.º 58, 2019, pp. 13-28.

CHAVES GARCÍA, J.R., "La escurridiza valoración del daño moral por responsabilidad patrimonial de la administración" en Consultor de los ayuntamientos y de los juzgados: Revista técnica especializada en administración local y justicia municipal, n.º 6, 2018, pp. 100-108.

CIERCO SEIRA, C, "El principio de audiencia y contradicción", en *Los principios jurídicos del Derecho Administrativo*, Dir. SANTAMARÍA PASTOR, J.A., La Ley, 2010, pp.327-349.

COTINO HUESO, L. (2021), "Hacia la transparencia 4.0: el uso de la inteligencia artificial y *big data* para la lucha contra el fraude y la corrupción y las (muchas) exigencias constitucionales" en *Repensando la Administración Pública. Administración digital e innovación pública.* Instituto Nacional de Administración Pública, Madrid, 2021.

DE LECUONA, I., "Aspectos éticos, legales y sociales del uso de la IA y el big data en salud en un contexto de pandemia" en Revista internacional de pensamiento político, Vol. 15, 2020, pp. 139-166.

DÍAZ GONZÁLEZ, G.M., "Algoritmos y actuación policial: la policía predictiva" en HUERGO LORA, A.; DÍAZ GONZÁLEZ, G.M. (Coords.), *La regulación de los algoritmos*, Aranzadi, Cizur Menor, 2020, pp. 181-234.

DOMÉNECH PASCUAL, G., "El principio de responsabilidad patrimonial de los poderes públicos", en SANTAMARÍA PASTOR, J.A., (Director), *Los principios jurídicos del Derecho administrativo*, La Ley, Madrid, 2010.

DOMENECH PASCUAL, G., "Responsabilidad patrimonial de la Administración por actos jurídicos ilegales" en Revista de Administración Pública, n.º 183, septiembre-diciembre 2010, pp. 179-223.

DOMÉNECH PASCUAL, G., "Por qué la Administración nunca ejerce la acción de regreso contra el personal a su servicio" en inDret, núm. 2, Barcelona, 2008 [versión digital]

DÍAZ GONZÁLEZ, G.M., "Algoritmos y actuación policial: la policía predictiva" en HUERGO LORA, A.; DÍAZ GONZÁLEZ, G.M. (Coords.), *La regulación de los algoritmos*, Aranzadi, Cizur Menor, 2020, pp. 181-234.

GALLEGO CÓRCOLES, I., "Daños derivados de la ejecución de contratos administrativos. La culpa *in vigilando* como título de imputación" en Revista de Administración Pública, n.º 177, septiembre-diciembre de 2008, pp. 265-291.

GALLARDO CASTILLO, M.J., "Causalidad probilística, incertumbre causal y responsabilidad sanitaria: la doctrina de la pérdida de oportunidad" en Revista Aragonesa de Administración Pública n.º 45-46, Zaragoza, 2015, pp. 35-66.

GAMERO CASADO, E., "Responsabilidad extracontractual de la Administración y del contratista por daños a terceros en la ejecución del contrato" en GALLEGO CÓRCOLES, I.; GAMERO CASADO, E. (Directores), *Tratado de contratos del sector público*, Tirant Lo Blanch, Valencia, 2018, pp. 2151-2208.

GARCÍA DE ENTERRÍA, E.; FERNÁDEZ RODRÍGUEZ, T.R., *Curso de Derecho Administrativo*, Volumen I, Ed. Civitas, Navarra, 2000.

GONZÁLEZ PÉREZ, J.; GONZÁLEZ NAVARRO, F., Comentarios a la Ley de Régimen Jurídico de las Administraciones Públicas y del Procedimiento Administrativo Común (Ley 30/1992, de 26 de noviembre), Thomson Reuters, Madrid, 1999.

GONZÁLEZ-ÁLVAREZ, J. L.; SANTOS-HERMOSO, J.; CAMACHO-COLLADOS, M., "Policía predictiva en España. Aplicación y retos de futuro" en Behavior & Law Journal, n.º 6, 2020, p. 27, pp 26-41.

HENRICH, J.,; HEINE, S.J.; NORENZAYAN, A., "Most people are not weird" en Nature, Vol. 466, n.º 1, julio de 2010, p. 29.

GARCÍA AMADO, J.A., "Sobre la antijuridicidad como requisito para la responsabilidad de la Administración por daño extracontractual" [en línea] *Almacén de Derecho.* 16 de enero de 2019 [en línea] <https://almacendederecho.org/sobre-la-antijuridicidad-como-requisito-para-la-responsabilidad-de-la-administracion-por-dano-extracontractual> [Consulta: 14 de mayo de 2024].

LAZCOZ MORATINOS, G.; CASTILLO PARRILLA, J.A., "Valoración algorítmica ante los derechos humanos y el Reglamento General de Protección de Datos: el caso SyRI" [en línea] *Revista chilena de derecho y tecnología,* vol. 9, n.º 1, 2020, pp. 207-225.

LEGUINA VILLA, J., "Sobre el carácter objetivo de la responsabilidad de la Administración" en Revista Española de Derecho Administrativo, n.º 136, 2007, p. 677, pp. 669-681.

LÓPEZ MENUDO, F., "Responsabilidad administrativa y exclusión de los riesgos del progreso. Un paso adelante en la definición del sistema" en Revista Andaluza de Administración Pública, n.º 36, 1999, pp. 11-44.

MARTÍ GRAU, R. "Reflexiones acerca de la Propuesta de Directiva sobre responsabilidad por daños derivados de la inteligencia artificial y su impacto en el Derecho español de daños". Revista Aranzadi Doctrinal, n.º 4, 2023, págs. 1-9.

MARTÍN CASALS, M. "Las propuestas de la Unión Europea para regular la responsabilidad civil por los daños causados por sistemas de inteligencia artificial". InDret: Revista para el Análisis del Derecho, n.º 3, 2023, págs. 55-100. DOI: https://doi.org/10.31009/InDret.2023.i3.02

MAGRO PEDROVIEJO, P., "Transparencia y datos abiertos: el complemento perfecto de nuestra estrategia" en *El Consultor de los Ayuntamientos,* n.º 5, mayo 2021, p. 4. [versión digital].

MARTÍN REBOLLO, L. 40 años de derecho administrativo postconstitucional y otros ensayos rescatados, Aranzadi, Pamplona, 2018.

MARTÍNEZ GARAY, L., "Peligrosidad algoritmos y *due process*: el caso State v Loomis" en Revista de Derecho Penal y Criminología, n.º 20, 2018, pp. 485-502.

MEDINA ALCOZ, L., "Hacia una nueva teoría general de la causalidad en la responsabilidad civil contractual (y extracontractual: La doctrina de la pérdida de oportunidades" en Revista de responsabilidad civil y seguro, n.º 30, 2009, p. 34, pp. 31-74.

MENÉNDEZ SEBASTIÁN, EVA M.ª., "Principios de la responsabilidad extracontractual de la Administración Pública (artículos 139 y 141

LRJPAC)" en QUINTANA LÓPEZ, T. (Dir.), CASARES MARCOS, A. (Coord.) *La responsabilidad patrimonial de la Administración Pública: estudio general y ámbitos sectoriales*, Vol. 1, Tirant lo Blanch, Valencia, 2013, pp. 37-90.

MESTRE DELGADO, F., "Las formas de prestación de los servicios públicos locales. En particular, la concesión", en MUÑOZ MACHADO, S. (Dir). *Tratado de Derecho Municipal*, , Iustel, Madrid, 2011, pp.1943-2048.

MIR PUIGPELAT, O., "Responsabilidad objetiva vs. funcionamiento anormal en la responsabilidad patrimonial de la Administración sanitaria (y no sanitaria)", en Revista Española de Derecho Administrativo, n.º 140, 2008, pp. 629-652.

MIR PUIGPELAT, O., ORTIZ BLASCO, J. y MAHÍLLO GARCÍA, P. (Coords.) "La responsabilidad patrimonial de las Administraciones Públicas. Crisis y propuestas para el siglo XXI" [en línea] *Fundación Democracia y Gobierno Local*. 2009 [versión digital].

LOZANO CUTANDA, B., "La responsabilidad de la Administración por la pérdida de oportunidad en el ámbito sanitario" en Análisis Gómez Acebo y Pombo, mayo de 2019. 3 [versión digital]

MIR PUIGPELAT, O., La responsabilidad patrimonial de la Administración. Hacia un nuevo sistema. Editorial Civitas, Madrid, 2002.

NÚÑEZ ZORRILLA, M.C., "Los nuevos avances en la regulación europea de la responsabilidad civil por los daños ocasionados en el ámbito del transporte con inteligencia artificial" en Revista Española de Derecho Europeo, n.º 78-79, abril-septiembre 2021, pp. 201-255.

OBERMEYER, Z.; POWERS, B.; VOGELI, C., et al "Dissecting racial bias in an algorithm used to manage the health of populations" en Science, Vol. 366, n.º 6464, 2019, pp. 447-453. DOI: 10.1126/science.aax2342

OLIVER CUELLO, R., "*Big data* e inteligencia artificial en la Administración tributaria" en Revista de los Estudios de Derecho y Ciencia Política, n.º 33, octubre de 2021, pp 4-8.

ORTIZ FERNÁNDEZ, M. "La adaptación del derecho de daños a la inteligencia artificial: la propuesta de Directiva sobre responsabilidad" en Revista d'Internet, Dret i Política, n.º 40, marzo de 2024.

PANTALEÓN PRIETO, F., "Los anteojos del civilista: hacia una revisión del régimen de la responsabilidad patrimonial de las Administraciones Públicas" en Documentación administrativa, 1994, pp. 240-258.

PARRA LUCÁN, M., Daños por productos y protección al consumidor, Boch, Barcelona, 1990, p. 396.

SWEENEY, L. "Discrimination in Online Ad Delivery: Google ads, black names and white names, racial discrimination, and click advertising" en Queue, Vol. 11, n.º 3, marzo de 2013, pp- 10-29.

URUEÑA, R., "Autoridad algorítmica: ¿cómo empezar a pensar la protección de los derechos humanos en la era del "big data"? en Latin American Law Review, n.º 2, 2019, pp. 99-124.

VALERO TORRIJOS, J., "Las garantías jurídicas de la inteligencia artificial en la actividad administrativa desde la perspectiva de la buena administración" en Revista catalana de dret públic, n.º 58, 2019, pp. 82-96.

VIÑAS XIFRA, J., "La transparencia y el control en el sector público: hacia un cambio en la auditoría pública local? en Auditoría Pública, n.º 71, 2018, pp. 33-40.

2. BLOGS JURÍDICOS, WEBS Y NOTICIAS

BOIX PALOP, A., "Sobre la naturaleza jurídica de los algoritmos empleados por la Administración para la toma de decisiones" [en línea] Fundación Manuel Giménez Abad. 15 de abril de 2021. <https://www.fundacionmgimenezabad.es/sites/default/files/Publicar/actividades/documentos/2021/20210415_dc_boix_palop_a_es_o.pdf> [Consulta: 14 de mayo de 2024]

DE LA CUEVA, J., "Código fuente, algoritmos y fuentes del Derecho" [en línea] *El Notario del Siglo XXI.* 2018 <https://www.elnotario.es/index.php/hemeroteca/revista-77/opinion/opinion/8382-codigo-fuente-algoritmos-y-fuentes-del-derecho> [Consulta: 14 de mayo de 2024]

DE LA NUEZ SÁNCHEZ-CASADO, "Algoritmos y transparencia" [en línea] *Hay Derecho-Expansión.* 19 de febrero de 2020. <https://hayderecho.expansion.com/2020/02/19/algoritmos-y-transparencia-2/> [Consulta: 14 de mayo de 2024]

DE LA SIERRA MORÓN, S., "Control judicial de los algoritmos: robots, administración y estado de derecho" en Derecholocal.es Lefebvre. 12 de mayo de 2021 <https://derecholocal.es/opinion/control-judicial-de-los-algoritmos-robots-administracion-y-estado-de-derecho> [Consulta: 14 de mayo de 2024]

GARCÍA HERRERO, J., "Control de Algoritmos. Los Siete Principios de la ACM" Blog de Jorge García Herrero. 3 de marzo de 2017 <https://jorgegarciaherrero.com/control-de-algoritmos-los-siete-principios-de-la-acm/> [Consulta: 13 de mayo de 2024]

GONZALO, M., "Un centenar de académicos piden al Gobierno más transparencia en el desarrollo de Radar COVID" [en línea] *Newtral.* 5 de septiembre de 2020. <https://www.newtral.es/comunidad-academica-publica-manifiesto-transparencia-radar-covid/20200905/> [Consulta: 13 de mayo de 2024]

GUTIÉRREZ DAVID, M.E., "Ponencia: trazabilidad y explicabilidad de los algoritmos públicos" [en línea] *Universitat de Valencia. Cátedra PAGODA.* 27 de diciembre de 2020 <https://www.uv.es/catedra-pagoda/es/novedades-1286053802801/Novetat.html?id=1286162435736> [Consulta: 14 de mayo de 2024]

PEIRÓ BAQUEDANO, A.I., "Guía para la compra de Inteligencia Artificial" [en línea] *Observatorio de Contratación Pública.* 18 de mayo de 2020. *Observatorio de contratación Pública* www.obcp.es/opiniones/guia-para-la-compra-de-inteligencia-artificial [Consulta: 14 de mayo de 2024]

PONCE SOLÉ, J., "Inteligencia artificial, Derecho administrativo y reserva de humanidad: algoritmos y procedimiento administrativo debido tecnológico" [en línea] *La Administración al día, Instituto Nacional de Administración Pública.* 11 de abril de 2019. <http://laadministracionaldia.inap.es/noticia.asp?id=1509505 [Consulta: 14 de mayo de 2024]

RUDA GONZÁLEZ, A., "La responsabilidad por cuota de mercado a juicio" [en línea] *iNdRET.* 2003. https://indret.com/la-responsabilidad-por-cuota-de-mercado-a-juicio/ [Consulta: 14 de mayo de 2024]

SALAS, J., "Google arregla su algoritmo 'racista' borrando a los gorilas" [en línea] *El País.* 15 de enero de 2018 < https://elpais.com/tecnologia/2018/01/14/actualidad/1515955554_803955.html [Consulta: 14 de mayo de 2024]

ZAMORA, R., "Necesidad de motivación e invalidez de los actos administrativos sustentados en inteligencia artificial o en algoritmos" en *Revista Notarial Notin.es.* 5 de marzo de 2021. <https://notin.es/necesidad-de-motivacion-e-invalidez-de-los-actos-administrativos-sustentados-en-inteligencia-artificial-o-en-algoritmos/> [Consulta: 14 de mayo de 2024]

3. RESOLUCIONES E INFORMES DE GRUPOS DE TRABAJO, ORGANISMOS INTERNACIONALES, ASOCIACIONES Y FUNDACIONES

CONSEJO DE TRANSPARENCIA DE LA COMUNIDAD VALENCIANA, Resolución del Consejo de Transparencia de la Comunidad Valenciana n.º 20, de 28 de octubre de 2016, expediente n.º 18/2015 https://conselltransparencia.gva.es/documents/163244115/164790925/Resol.+20%29%2028.10.2016++Soliop.cita+Acceso+informaci%C3%B3n+Expte+municipal+Ayto+Xixona.+%28Expte.+18-2015%29/16ea3ba9-849a-4a90-bb79-372e7a5a99e9

COMISSIÓ DE GARANTIA DEL DRET D'ACCÉS A LA INFORMACIÓ PÚBLICA, Resolución de la Comissió de Garantia del dret d'accés a la información pública de 21 de septiembre de 2016, reclamaciones n.º 123/2016 y 124/2016 <http://www.gaip.cat/ca/detall/normativa/2016-123-124>

CONSEJO DE ESTADO, Dictamen del Consejo de Estado 153/2019, de 4 de abril de 2019 <https://www.boe.es/buscar/doc.php?id=CE-D-2019-153>

CONSEJO DE ESTADO, Dictamen del Consejo de Estado 809/2017, de 19 de octubre de 2017 <https://www.boe.es/buscar/doc.php?id=CE-D-2017-809>

CONSEJO DE ESTADO, Dictamen del Consejo de Estado 466/2016, de 14 de julio de 2016 <https://www.boe.es/buscar/doc.php?id=CE-D-2016-466>

CONSEJO DE ESTADO, Dictamen 1116/2015, de 10 de marzo de 2016. <https://www.boe.es/buscar/doc.php?id=CE-D-2015-1116>

CONSEJO DE ESTADO, Memoria del Consejo de Estado del año 2008, pp. 192 a 197 <https://www.consejo-estado.es/wp-content/uploads/2021/05/MEMORIA-2008.pdf> Memoria del Consejo de Estado del año 2009, págs .197-204 <https://www.consejo-estado.es/wp-content/uploads/2021/05/MEMORIA-2009.pdf>

CONSEJO DE TRANSPARENCIA, ACCESO A LA INFORMACIÓN Y BUEN GOBIERNO COMUNIDAD VALENCIANA, Resolución n.º 97, de 5 de julio de 2018 del Consejo de Transparencia, Acceso a la Información Pública y Buen Gobierno de la Comunidad Valenciana. Expte n.º 79/2917.

ETICAS, Guía de Auditoría Algorítmica, enero 2021.

FORMATION COMMISSIONER OFFICE; ALAN TURING INSTITUTE, "Explaining decisions made with AI" [en línea] *Information Commisioner's*

Office. 20 de mayo de 2020. <https://ico.org.uk/for-organisations/guide-to-data-protection/key-data-protection-themes/explaining-decisions-made-with-artificial-intelligence/part-1-the-basics-of-explaining-ai/>

MINISTERIO DE ASUNTOS ECONÓMICOS Y TRANSFORMACIÓN DIGITAL, *Estrategia Nacional de Inteligencia Artificial* [en línea] Noviembre de 2020 https://portal.mineco.gob.es/RecursosArticulo/mineco/ministerio/ficheros/201202_ENIA_V1_0.pdf>

PARLAMENTO EUROPEO, Informe del Parlamento Europeo con recomendaciones destinadas a la Comisión sobre normas de Derecho civil sobre robótica (2015/2103(INL) de 27 de enero de 2017.

PARLAMENTO EUROPEO, Resolución del Parlamento Europeo con recomendaciones a la Comisión sobre normas de Derecho Civil y Robótica de 16 de febrero de 2017 https://www.europarl.europa.eu/doceo/document/TA-8-2017-0051_ES.html

PARLAMENTO EUROPEO, Informe con recomendaciones destinadas a la Comisión sobre normas de Derecho civil sobre robótica (2015/2103(INL), de 27 de enero, de 2017. <https://www.europarl.europa.eu/doceo/document/A-8-2017-0005_ES.html>

Red DAIA, Declaración Final II Seminario Internacional Derecho Administrativo e Inteligencia Artificial en el sector público: la importancia de las garantías jurídicas, Valencia, 2019.

4. SENTENCIAS Y OTRAS RESOLUCIONES JUDICIALES

Tribunal Constitucional:

Sentencia del Tribunal Constitucional 46/2014, de 7 de abril, BOE n.º 111 de 7 de mayo de 2014 (Referencia: ECLI:ES:TC:2014:46),

Sentencia del Tribunal Constitucional 210/1999, de 29 de noviembre. BOE n.º 310, de 28 de diciembre de 1999. TOL81.246.

Sentencia del Tribunal Constitucional 144/1996, de 16 de septiembre. BOE n.º 254, de 21 de octubre de 1996. ID: ECLI:ES:TC:1996:144.

Sentencia del Tribunal Constitucional 52/1995, de 23 de febrero, BOE n.º 77 de 31 de marzo de 1995 (Referencia: ECLI:ES:TC:1995:52).

Sentencia del Tribunal Constitucional 8/1992, de 2 de enero, BOE n.º 38, de 13 de febrero de 1992 (Referencia: ECLI:ES:TC:1992:8).

Sentencia del Tribunal Constitucional 70/1988, de 19 de abril. BOE n.º 108, de 5 de mayo de 1988. TOL80.181.

Sentencia del Tribunal Constitucional 99/1987, de 11 de junio. BOE n.º 152, de 26 de junio de 1987. TOL338.841.

Sentencia del Tribunal Constitucional 108/1986, de 29 de julio. BOE n.º 193, de 13 de agosto de 1986. TOL79.654.

Sentencia del Tribunal Constitucional 26/1982, de 17 de julio, BOE n.º 193, de 13 de agosto de 1981 (Referencia: ECLI:ES:TC:1981:26).

Tribunal Supremo:

Sentencia del Tribunal Supremo 2625/2020, de 15 de julio de 2020 (ID Cendoj: 28079110012020100433).

Sentencia del Tribunal Supremo 236/2020, de 19 de febrero de 2020. TOL7.790.594.

Sentencia del Tribunal Supremo 352/2018, de 6 de febrero. TOL6.508.701.

Sentencia del Tribunal Supremo 1006/2016, de 8 de marzo. TOL5.669.304.

Sentencia del Tribunal Supremo 5339/2015, de 9 de diciembre. TOL5.596.153.

Sentencia del Tribunal Supremo 131/2015, de 13 de enero. TOL4.681.790.

Sentencia del Tribunal Supremo 3827/2012, de 29 de mayo. TOL2.558.266.

Sentencia del Tribunal Supremo 5177/2012, de 12 de julio. TOL2.597.567.

Sentencia del Tribunal Supremo 1446/2012, de 5 de marzo. TOL2.481.276.

Sentencia del Tribunal Supremo 7071/2010, de 9 de diciembre. TOL2.018.604.

Sentencia del Tribunal Supremo 6666/2009, de 10 de noviembre. TOL1.726.502

Sentencia del Tribunal Supremo 3890/2008, de 7 de julio. TOL1.351.165.

Sentencia del Tribunal Supremo 568/2007, de 5 de febrero. TOL1.036.676.

Sentencia de del Tribunal Supremo 7788/2006, de 14 de diciembre. TOL1.022.979.

Sentencia del Tribunal Supremo 5418/2006, de 30 de junio de 2006. TOL998.513.

Sentencia del Tribunal Supremo 5850/2005, de 4 de octubre. TOL726.460.

Sentencia de la Sala de lo Contencioso-Administrativo del Tribunal Supremo 3320/2004, de 17 de mayo. TOL43.522.

Sentencia de la Sala de lo Contencioso-Administrativo del Tribunal Supremo 2845/2003, de 24 de abril. TOL294.038.

Sentencia de la Sala de lo Contencioso-Administrativo del Tribunal Supremo 4395/2002, de 15 de junio. TOL213.101.

Sentencia de la Sala de lo Contencioso-Administrativo del Tribunal Supremo 4837/2002, de 29 de junio. TOL213.328.

Sentencia de la Sala de lo Contencioso-Administrativo del Tribunal Supremo 6703/2002, de 14 de octubre TOL240.461

Sentencia del Tribunal Supremo 2038/2002, de 20 de marzo de 2002 (ID Cendoj: 28079130062002100417).

Sentencia del Tribunal Supremo 8073/2002, de 3 de diciembre. TOL1.717.774.

Sentencia del Tribunal Supremo 5765/2002, de 19 de julio. TOL1.706.027.

Sentencia del Tribunal Supremo 6391/2001, de 19 de julio. TOL67.663.

Sentencia del Tribunal Supremo 2500/2000, de 28 de marzo de 2000. TOL43.522.

Sentencia del Tribunal Supremo 4690/2000, de 8 de junio. TOL1.716.479.

Sentencia del Tribunal Supremo 9561/2000, de 22 de diciembre. TOL1.713.114.

Sentencia del Tribunal Supremo 3815/1999, de 31 de mayo. TOL1.715.717.

Sentencia del Tribunal Supremo 1705/1999, de 11 de marzo de 1999. TOL1.715.850.

Sentencia del Tribunal Supremo 5808/1998, de 13 de octubre. TOL1.715.113.

Sentencia del Tribunal Supremo 6241/1998, de 27 de octubre (ID Cendoj: 28079130061998100414).

Sentencia del Tribunal Supremo 3681/1998, de 5 de junio (ID Cendoj: 28079130061998100652).

Sentencias del Tribunal Supremo 1296/1998, de 26 de febrero. TOL1.714.962.

Sentencia del Tribunal Supremo 5792/1997, de 1 de octubre. TOL293.242.

Sentencia del Tribunal Supremo 661/1996, de 5 de febrero. TOL5.146.769.

Sentencia del Tribunal Supremo 4106/1995, de 11 de julio. TOL187.355.

Sentencia del Tribunal Supremo 1704/1993, de 17 de marzo. TOL1.683.617.

Sentencia del Tribunal Supremo 13600/1989, de 7 de abril. TOL2.373.067.

Sentencia del Tribunal Supremo 10253/1987, de 26 de febrero. TOL2.331.236.

Sentencia del Tribunal Supremo 3220/1986, de 10 de junio. TOL2.320.584.

Sentencia del Tribunal Supremo 1688/1980, de 28 de mayo. TOL967.082

Otros tribunales:

Sentencia de la Sala de lo Contencioso-Administrativo de la Audiencia Nacional de 15 de diciembre de 2010. TOL2.007.719.

Sentencia de la Sala de lo Contencioso-Administrativo del Tribunal Superior de Justicia de Castilla-La Mancha 3450/2016, de 28 de noviembre. TOL5.942.432.

CONSEJO DE ESTADO ITALIANO, Sentencia del Consejo de Estado italiano n.º 8472, de 13 de diciembre de 2019. NRG: 201902936. Traducción al español: FERNÁNDEZ SÁNCHEZ, S., "Relaciones laborales y derechos fundamentales en la era digital" en Temas laborales: Revista andaluza de trabajo y bienestar social, n.º 155, 2020, p. 183, pp. 177-190.

SUPREME COURT OF WISCONSIN, *State of Wisconsin v. Eric. L. Loomis,* July 13, 2016, (Reference: 881 N.W.2d 749) <https://www.courts.ca.gov/documents/BTB24-2L-3.pdf>

TRIBUNAL DEL DISTRITO DE LA HAYA, Sentencia de 5 de febrero de 2020, n.º rec. C-09-550982-HA ZA 18-388 <https://uitspraken.rechtspraak.nl/inziendocument?id=ECLI:NL:RBDHA:2020:865> [Consulta: 14 de mayo de 2024] Traducción de: COTINO HUESO, L., "Hacia la transparencia 4.0: el uso de la inteligencia artificial y *big data* para la lucha contra el fraude y la corrupción y las (muchas) exigencias constitucionales" en *Repensando la Administración Pública. Administración digital e innovación pública.* Instituto Nacional de Administración Pública, Madrid, 2021, pp. 140-177.

5. TEXTOS NORMATIVOS UTILIZADOS

PARLAMENTO EUROPEO Y CONSEJO DE LA UNIÓN EUROPEA, Reglamento (UE) 2024/…DEL PARLAMENTO EUROPEO Y DEL CONSEJO por el que se establecen normas armonizadas en materia de inteligencia artificial y por el que se modifican los Reglamentos (CE) n.º 300/2008, (UE) n.º 167/2013, (UE) n.º 168/2013, (UE) 2018/858, (UE) 2018/1139 y (UE) 2019/2144 y las Directivas 2014/90/UE, (UE) 2016/797 y (UE) 2020/1828 (Reglamento de Inteligencia Artificial)

PARLAMENTO EUROPEO Y CONSEJO DE LA UNIÓN EUROPEA, Propuesta de DIRECTIVA DEL PARLAMENTO EUROPEO Y DEL CONSEJO relativa a la adaptación de las normas de responsabilidad civil extracontractual a la inteligencia artificial (Directiva sobre responsabilidad en materia de IA).

PARLAMENTO EUROPEO Y CONSEJO DE LA UNIÓN EUROPEA, Propuesta de DIRECTIVA DEL PARLAMENTO EUROPEO Y DEL CONSEJO sobre responsabilidad por los daños causados por productos defectuosos.

PARLAMENTO EUROPEO Y CONSEJO DE LA UNIÓN EUROPEA, Propuesta de Reglamento del Parlamento Europeo y del Consejo por el que se establecen normas armonizadas en materia de Inteligencia Artificial (Ley de Inteligencia Artificial) y se modifican determinados actos legislativos de la Unión, de 21 de abril de 2021.

PARLAMENTO EUROPEO Y CONSEJO, Reglamento UE 2016/679 DEL PARLAMENTO EUROPEO Y DEL CONSEJO de 27 de abril de 2016 relativo a la protección de las personas físicas en lo que respecta al tratamiento de datos personales y a la libre circulación de estos datos y por el que se deroga la Directiva 95/46/CE (Reglamento general de protección de datos), Diario Oficial de la Unión Europea de 4 de mayo de 2016. TOL5.703.078.

CONSEJO DE LA UNIÓN EUROPEA, Directiva 85/374/CEE del Consejo, de 25 de julio de 1985, relativa a la aproximación de las disposiciones legales, reglamentarias y administrativas de los Estados Miembros en materia de responsabilidad por los daños causados por productos defectuosos. Diario Oficial de las Comunidades Europeas, de 7 de agosto de 1985. TOL6.168.

CORTES GENERALES, Constitución Española, BOE n.º 311 de 29 de diciembre de 1978. TOL173.304.

JEFATURA DEL ESTADO, Ley 15/2022, de 12 de julio, integral para la igualdad de trato y la no discriminación. BOE n.º 167, de 13 de julio de 2022. TOL9.113.969.

JEFATURA DEL ESTADO, Ley 9/2017, de 8 de noviembre, de Contratos del Sector Público, por la que se transponen al ordenamiento jurídico español las Directivas del Parlamento Europeo y del Consejo 2014/23/UE y 2014/24/UE, de 26 de febrero de 2014. BOE núm. 272, de 9 de noviembre de 2017. TOL6.414.318.

JEFATURA DEL ESTADO, Ley 39/2015, de 1 de octubre, del Procedimiento Administrativo Común de las Administraciones Públicas, BOE n.º 236 de 2 de octubre de 2015. TOL5.494.102.

JEFATURA DEL ESTADO, Ley 19/2013, de 9 de diciembre, de transparencia, acceso a la información pública y buen gobierno, BOE n.º 295, de 10 de diciembre de 2013. TOL4.029.419.

MINISTERIO DE LA PRESIDENCIA, Real Decreto Legislativo 1/2007, de 16 de noviembre, por el que se aprueba el texto refundido de la Ley General para la Defensa de los Consumidores y Usuarios y otras leyes complementarias, BOE n.º 287, de 30 de noviembre de 2007. TOL1.175.543.

JEFATURA DEL ESTADO, Ley 42/2007, de 13 de diciembre, del Patrimonio Natural y de la Biodiversidad, BOE n.º 299 de 14 de diciembre de 2007. TOL1.210.868.

JEFATURA DEL ESTADO, Ley 11/2007, de 22 de junio, de acceso electrónico de los ciudadanos a los Servicios Públicos, BOE n.º 150 de 23 de junio de 2007. TOL1.210.114.

JEFATURA DEL ESTADO, Ley 58/2003, de 17 de diciembre, General Tributaria. BOE n.º 302, de 18 de diciembre de 2003. TOL327.278.

JEFATURA DEL ESTADO, Ley 13/1995, de 18 de mayo, de Contratos de las Administraciones Públicas. BOE n.º 119, de 19 de mayo de 1995, páginas 14601 a 14644. TOL147.460.

JEFATURA DEL ESTADO, Ley 30/1992, de 26 de noviembre, de Régimen Jurídico de las Administraciones Públicas y del Procedimiento Administrativo Común. BOE n.º 285, de 27 de noviembre de 1992. TOL257.544.

MINISTERIO DE LA PRESIDENCIA, RELACIONES CON LAS CORTES Y MEMORIA DEMOCRÁTICA, Real Decreto 203/2021, de 30 de marzo, por el que se aprueba el Reglamento de actuación y funcionamiento del sector público por medios electrónicos. BOE núm. 77, de 31 de marzo de 2021, páginas 36487 a 36545. TOL8.372.179.

MINISTERIO DE GRACIA Y DE JUSTICIA, Real Decreto de 24 de julio de 1889 por el que se publica el Código Civil, Gaceta de Madrid n.º 206, de 25 de julio de 1989. TOL220.310.

JEFATURA DEL ESTADO, Ley de 16 de diciembre de 1954 sobre expropiación forzosa, BOE n.º 351, de 17 de diciembre de 1954. TOL137.638.

PRESIDENCIA DE LA GENERALITAT, Ley 22/2018, de 6 de noviembre, de la Generalitat, de Inspección General de Servicios y del sistema de alertas para la prevención de malas prácticas en la Administración de la Generalitat y su sector público instrumental, DOGV n.º 8419, de 8 de noviembre de 2018. TOL6.884.631.

COMUNIDAD AUTÓNOMA DE CATALUÑA, Ley 29/2010, de 3 de agosto, del uso de los medios electrónicos en el sector público de Cataluña, BOE n.º 217, de 7 de septiembre de 2010, páginas 76847 a 76869. TOL1.904.071.

COMUNIDAD AUTÓNOMA DE CATALUÑA, Ley 26/2010, de 3 de agosto, de régimen jurídico y de procedimiento de las administraciones públicas de Cataluña, BOE n.º 203, de 21 de agosto de 2010, páginas 73526 a 73569. TOL1.904.053.